《기탄한자》를 펴내면서

새로 나온《기탄한자》-
어린이들로부터 사랑받는 학습지가 되겠습니다.

● 《기탄한자》를 고대하신 여러분께 감사드립니다.

그 동안《기탄수학》,《기탄국어》등의 교재를 사용해 보시고《기탄한자》가 나오기를 고대하신 여러분들께 감사드립니다.
학부모님들의 열화 같은 요청에 의하여 오랜 연구와 각고끝에 드디어《기탄한자》가 선을 보이게 되었습니다.
그 동안 저희 연구진이 할 수 있는 최선의 노력을 기울여서 만든 작품이니만큼 결코 실망시키지 않으리라 확신하며 사랑받는 학습지로 더욱 심혈을 기울여 나가겠습니다.

● 한자를 모르고는 공부를 잘 할 수 없습니다.

학부모님들도 잘 아시다시피, 우리말의 약 70% 정도가 한자어로 구성되어 있으며 수학, 사회, 과학 등 각 교과서의 학습용어 대부분이 한자로 되어 있습니다. 따라서 한자를 초등 학교 저학년 때부터 미리 알면 어휘를 정확하게 이해하게 되어 언어생활을 바르게 할 수 있게 됩니다. 뿐만 아니라 다른 교과의 내용도 심도있게 이해할 수 있는 기초 능력을 길러 주게 되어 저절로 성적이 쑥쑥 향상될 수 있습니다.
한자를 모르고는 결코 좋은 성적을 내기가 어렵습니다.

● 이제 한자 학습은 필수!《기탄한자》로 시작해 보십시오.

21세기는 세계의 중심축이 한자 문화권에 놓이게 될 것입니다. 따라서 공통문자 또는 국제문자로서의 한자의 역할이 증대될 것입니다.《기탄한자》는 이러한 국제 사회의 흐름에 발맞추어 한자를 쉽고 재미있게 정복할 수 있도록 9단계 교재로 엮어 놓았습니다.
적은 비용으로 최고효과를 거둘 수 있도록 기획된《기탄한자》, 지금 곧 시작해 보십시오.

® 기탄: 본사의 등록상표로 기초탄탄의 약자입니다.

《기탄한자》 이렇게 만들었습니다.

《기탄한자》 –
개인별·능력별 프로그램식 학습교재입니다.

1 모두 9단계의 교재로 만들었습니다.

《기탄한자》는 A단계에서 I단계까지 총 9단계로 구성된 학습지입니다.
각 단계는 모두 4권으로 4개월 동안 학습할 수 있게 구성되어 있으며, A단계부터 I단계까지 모두 36권으로 36개월(3년) 정도가 소요됩니다.

2 1주일에 4자씩, 1달에 16자, 1년에 200여 한자를 익힐 수 있습니다.

《기탄한자》는 1주일에 4자씩 새로운 한자를 익히게 구성되어 있어서, 1달 과정이 끝나면 16자의 한자를 익힐 수 있습니다.
한 단계는 4권으로 구성되어 있어 모두 600여 한자를 학습할 수 있습니다.
※ G~I단계에는 한 주에 5자씩 수록되어 있습니다.

3 기초한자 학습부터 한자급수시험까지 상세하고 완벽하게 대비하였습니다.

《기탄한자》의 총 9단계 중 A~C단계 교재는 새로이 발표된 교육부 선정 한자를 위주로 하여 초등 학교 저학년 어린이들에게 필요한 기초 생활한자를, D~F단계 교재는 초등 학교 고학년 어린이들에게 필요한 기초 생활한자를 익힐 수 있도록 구성되어 있으며, G~I단계 교재는 한자급수시험 대비를 겸하여 꾸며져 있습니다.

4 부담없는 반복 학습으로 효과가 확실합니다.

《기탄한자》는 매주 부담없게 4~5자씩 새로운 한자를 익히며 그 동안 배운 한자를 다양한 학습 방법을 통하여 반복해서 익힐 수 있도록 재미있게 구성하였습니다.

■ 기탄한자 단계별 학습내용 ■

A~C단계	초등 학교 저학년에게 필요한 교육부 선정 한자 192자 및 부수 학습
D~F단계	초등 학교 고학년에게 필요한 교육부 선정 한자 192자 및 부수 학습
G~I단계	교육부 선정 240자 위주. 한자급수시험 대비

® 기탄: 본사의 등록상표로 기초탄탄의 약자입니다.

《기탄한자》는 치밀하게 계산된 학습 시스템으로 일반 학습 교재와는 전혀 다릅니다.

1 자신감이 생기는 학습

한자문맹「흔들리는 교육」이란 제목 하에 우리 나라 최고 명문대에서 학생들이 한자를 제대로 알지 못해서 수업이 제대로 되지 못한 사건이 발생했다고 신문에 기사화 되어 충격을 준 적이 있습니다.
현재 대부분의 학생들은 물론 일반인들까지 부모나 형제 자매의 이름을 제대로 쓰는 사람이 드물다는 것이 전문가들의 대체적인 시각입니다.
《기탄한자》로 지금 시작해 보십시오.
초등 학교 때부터 하루 10분 정도만 학습하면 한자가 익숙해져 자연스럽게 한자문맹에서 해방됩니다. 초등 학교 때부터 자연스럽게 신문이나 잡지도 볼 수 있게 되어 자신감이 생기고 따라서 성적도 쑥쑥 올라가게 됩니다.
《기탄한자》, 자녀에게 자신감을 키워줍니다.

2 올바른 학습 습관이 생기는 학습

《기탄한자》는 어린이들에게 한자학습이 재미있고 흥미로운 것이라는 인식을 심어줄 수 있도록 다양한 형식과 체제로 구성하였습니다. 따라서 가정에서는 어린이의 생활습관을 규칙적으로 꾸며 가도록 지도해 주시는 것이 중요합니다.
《기탄한자》로 매일 일정한 시간에 일정량을 꾸준히 공부하다 보면 생활 리듬이 일정해져 공부시간도 틀에 잡히고 효과적인 학습도 가능해져 '몸에 맞는' 올바른 학습습관이 생기게 됩니다.

3 집중력이 생기는 학습

공부는 많이 하는데 성적이 오르지 않는 어린이는 집중력이 약하기 때문입니다.
《기탄한자》는 매일 2~3장을 10분안에 학습하는 훈련을 반복함으로써 자연스럽게 집중력이 최고로 강화될 수 있도록 하였습니다.
《기탄한자》는 매일 10분 학습으로 집중력을 길러주는 학습 시스템입니다.

4 창의력이 생기는 완전학습

창의력이란 아무것도 없는 데서 새로운 것을 찾는 능력이 아니라 이미 알고 있는 것에서 조금 다른 것을 찾는 능력이라고 합니다.
이러한 창의력은 어떻게 생길까요? 바로 다양한 체험을 통해서 가능해집니다.
《기탄한자》는 다양한 학습체험을 통해 읽고, 쓰고, 깨달음으로서 자연스럽게 창의력을 키워주어 완전학습으로 나가게 해줍니다.

® 기탄: 본사의 등록상표로 기초탄탄의 약자입니다.

교재 학습 방법

1. 교재 선택

처음 한자 학습을 시작하는 어린이는 교재의 첫부분 A단계부터 시작해 주십시오.

그 동안 한자 학습을 진행한 어린이는 자신의 능력과 수준에 맞추어 교재를 선택하되 학습자의 능력보다 약간 낮은 단계부터 시작하는 것이 효과적입니다. 학습자의 능력보다 수준이 높은 교재를 선택하면 공부에 흥미를 잃어 중도에서 포기하기 쉽습니다.

2. 교재 활용

교재는 한 권이 4주분으로 한 달간 학습할 수 있도록 편집되어 있습니다. 교재를 구입하시면 주저하지 마시고 먼저 1주일 분량씩 분리해서 매주 1권씩 어린이에게 주십시오. 한꺼번에 교재를 주면 어린이가 부담스러워 학습을 미루거나 포기하기 쉽습니다(교재가 잘 나누어지도록 제작되어 있음).

3. 교재 학습

매주 새로운 한자를 4~5자씩 배울 수 있게 계획되어 있습니다. 매일 일정한 시간을 정해놓고 하루에 2~3장씩 10분 정도 학습할 수 있게 지도해 주십시오. 매일 배운 한자를 여러 형태로 음과 뜻, 짜임, 활용 등을 활용 반복해서 학습할 수 있게 되어 있으므로 밀리지 않고 차근차근 따라하면 기초 한자를 쉽게 정복할 수 있습니다. 어린이의 학습의욕과 성취도에 따라 학습량을 조절해 주시되 무리하게 학습을 시키지 않도록 유의해 주시고 스스로 공부하는 바른 습관이 붙도록 해 주십시오.

4. 자녀의 학습 관리

어머니는 이 세상의 그 어느 선생님보다도 더 훌륭한 최상의 선생님으로 어머니의 사랑으로 자녀를 가르칠 때 그 효과가 가장 높다는 것이 교육학자들의 일반적인 견해입니다. 자녀들이 학습한 내용들을 일 주일에 한 번씩 날짜를 정해놓고 5~10분간만 투자해서 확인해 주시고 관심을 보여 주십시오. 그리고 칭찬해 주십시오. 칭찬을 잘 하는 어머니가 공부를 잘 가르치는 최고의 선생님이란 것을 잊지 마십시오. 어머니의 관심도에 비례해서 자녀의 한자실력이 쑥쑥 자라난다는 것도 잊지 마세요.

® 기탄: 본사의 등록상표로 기초탄탄의 약자입니다.

학습을 시작하기 전에 꼭 읽어 주세요

> 다음에 소개되는 내용을 꼭 외울 필요는 없습니다.
> 금방 이해가 가지 않는 내용도 있을 것입니다.
> 그러나 교재를 풀다 보면, '아하! 그 말이었구나.' 하고
> 느끼면서 저절로 알게 될 내용들입니다.
> 그러나 중요한 것이라서 자주 보고 읽어 두어야 합니다.
> 그래야만 한자를 쉽게 익힐 수 있으니까요.

1. 한자의 3요소

한자는 3가지 중요한 것으로 구성되어 있습니다. 한자 공부를 잘 하려면 이 3가지를 항상 같이 익혀야 합니다.

(1) 한자의 뜻(훈) (2) 한자의 소리(음) (3) 한자의 모양(형)

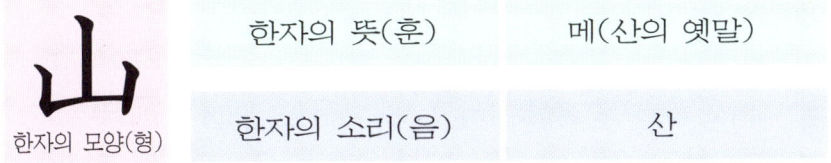

한자의 모양(형)	山
한자의 뜻(훈)	메(산의 옛말)
한자의 소리(음)	산

2. 한자는 이렇게 만들어졌다.

모든 한자는 크게는 3가지, 작게는 6가지 원칙으로 만들어진 글자입니다.

(1) 기본 한자

1) 눈에 보이는 사물을 본떠서 만들었습니다.
   날 일(日) 등이 그러합니다.
2) 눈에는 보이지 않지만, 뜻을 부호로 표시했습니다.
   한 일(一), 위 상(上) 등이 그러합니다.

(2) 합쳐서 만든 한자

1) 이미 만들어진 사물 모양의 한자들을 합쳐서 만들었습니다.
   동녘 동(東), 수풀 림(林) 등이 그러합니다.
2) 사물 모양의 한자와 부호 한자를 합쳐서 만들었습니다.
   한자의 음(소리)은 합쳐진 한자 중 하나와 같습니다.
   물을 문(問), 공 공(功) 등이 그러합니다.

(3) 운용 한자

1) 어떤 한자에 다른 뜻과 다른 소리를 내도록 만든 한자로서 원래 한자의 뜻과 관계가 있습니다.

   > **예** 惡이란 한자는 원래 '악할 악' 자입니다. 그러나 악한 사람들을 모두가 미워한다는 뜻으로 '미워할 오' 자로도 씁니다.

2) 외국어로 표기할 때 원래의 뜻과는 아무 상관 없이 비슷한 한자로 표시합니다.

   > **예** 미국을 한자로 美國이라고 쓴 이유는 美國이 중국말로 '음메이꿔'라는 소리가 나기 때문입니다. 즉 '아메리카'라는 발음이 가장 가까운 것이 美國이란 한자입니다.

3. 획이란 무엇인가요?

펜을 떼지 않고 한 번에 쓸 수 있는 점이나 선을 획이라고 합니다. 한자의 획수란 그 한자의 총 획이 몇 번인가를 말합니다.
획수는 한자 사전에서 모르는 한자를 찾을 때 다음에 소개할 부수(部首)만큼 중요한 것입니다.

® 기탄: 본사의 등록상표로 기초탄탄의 약자입니다.

 메 산 山의 획수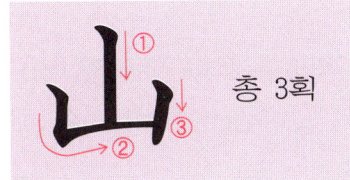

4. 부수(部首)를 알면 한자가 보인다.

(1) 부수(部首)란 무엇인가?

앞으로 이 책에는 부수(部首)란 말이 매우 많이 나옵니다. 그만큼 한자에서는 부수(部首)가 중요하다는 뜻이겠지요? 그렇다면 부수(部首)란 도대체 무엇일까요?

부수(部首)란 합쳐서 만들어진 한자 중에서 서로 공통되는 부분을 말합니다.

예를 들어, 큰산 악(岳), 언덕 안(岸), 봉우리 봉(峰), 고개 현(峴) 등에는 공통적으로 메 산(山)이 들어 있지요? 그리고 예를 든 모든 한자가 산(山)과 관계가 있음을 알 수 있습니다.

(2) 부수(部首)의 종류

부수(部首)는 놓이는 위치에 따라서 그 이름이 달라집니다.

변
한자의 왼쪽에 위치한 부수를 변이라고 합니다.
예) 바다 해 海(氵 물 수변, 삼수변)

방
한자의 오른쪽에 위치한 부수를 방이라고 합니다.
예) 고을 군 郡(阝 우부방)

머리
한자의 위쪽에 위치한 부수를 머리라고 합니다.
예) 편안할 안 安(宀 갓머리, 집 면)

엄
한자의 위에서 왼쪽 아래로 걸쳐진 부수를 엄이라고 합니다.
예) 사람 자 者(耂 늙을 로엄)

발
한자의 밑에 위치한 부수를 발이라고 합니다.
예) 충성할 충 忠(心 마음 심발)

받침
한자의 왼쪽에서 아래로 걸친 부수를 받침이라고 합니다.
예) 멀 원 遠(辶 책받침)

에울몸
한자의 전체를 에워싸고 있는 부수를 에울몸이라고 합니다.
예) 넉 사 四(囗 에울 위, 큰입 구몸)

제부수
그 한자의 자체가 부수인 것을 제부수라고 합니다.
예) 높을 고 高(高 높을 고부수)

개인별 · 능력별 학습 프로그램

A 단계 교재 A1a-A15b

기탄한자

이번 주에 배울 한자

山	川	人	土
메 산	내 천	사람 인	흙 토

금주평가	읽 기	쓰 기	이번 주는?
	Ⓐ 아주 잘함	Ⓐ 아주 잘함	• 학습방법 ① 매일매일 ② 가끔 ③ 한꺼번에 - 하였습니다.
	Ⓑ 잘함	Ⓑ 잘함	• 학습태도 ① 스스로 잘 ② 시켜서 억지로 - 하였습니다.
	Ⓒ 보통	Ⓒ 보통	• 학습흥미 ① 재미있게 ② 싫증내며 - 하였습니다.
	Ⓓ 부족함	Ⓓ 부족함	• 교재내용 ① 적합하다고 ② 어렵다고 ③ 쉽다고 - 하였습니다.

♣ 지도 교사가 부모님께

♣ 부모님이 지도 교사께

종합평가	Ⓐ 아주 잘함	Ⓑ 잘함	Ⓒ 보통	Ⓓ 부족함

원교   반   이름   전화

A1a ❖이름: ❖날짜: ❖시간: 시 분~ 시 분

😊 이번 주에 배울 한자를 큰 소리로 읽어 보세요.

山 메 산

人 사람 인

土 흙 토

川 내 천

🐛 메 산(山)에 대해 알아봅시다.

 산이라고 읽습니다.
산이라는 뜻입니다.

메(뫼) : 산의 옛말

● 빈 칸에 알맞은 글을 쓰세요.

山은 [ ] 이라 읽고, 뜻은 [ ] 입니다.

🐛 山은 우뚝 솟은 산을 본뜬 한자입니다.

● 빈 칸에 알맞은 글을 쓰세요.

山은 우뚝 솟은 [ ] 을 본뜬 한자입니다.

A2a ❖이름: ❖날짜: ❖시간: 시 분~ 시 분

 필순에 따라 山을 바르게 쓰세요.

총 3획

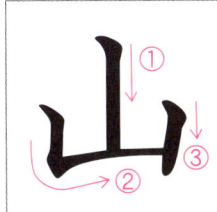 山 山 山 山

필순: 글자를 쓰는 순서

● 뜻과 음을 소리내어 읽으면서 山을 쓰세요.

메산 山	메산	메산	메산	메산

메산 山	메산	메산	메산	메산

● 빈 칸에 알맞은 한자와 뜻, 음을 쓰세요.

山		
한자	뜻	음

	메	산
한자	뜻	음

😊 글을 읽고, 山이 나오는 낱말을 알아봅시다.

어제 우리 가족은 북한산에 놀러 갔어요.
"역시 우리 나라 山川(산천)은 아름다워."
아버지께서 감탄하셨어요.
그 때 누나가 말했어요.
"아빠, 우리 저기에서 점심 먹어요."
누나는 山林(산림)을 가리켰어요.
우리는 그곳에 있는 山莊(산장)에서 점심을 먹었어요.

● 山川(산천) : 산과 시냇물, 자연이라는 뜻
● 山林(산림) : 산속에 있는 숲 ● 山莊(산장) : 산에 있는 별장

😊 빈 칸에 알맞은 한자를 쓰세요.

산	천	산	림	산	장
山	川	山	林	山	莊
	川		林		莊

A3a ◆이름: ◆날짜: ◆시간: 시 분~ 시 분

흐린 글자를 따라 쓰면서 山을 익히세요.

山은 산 이라고 읽고, 메(뫼) 라는 뜻입니다.

山은 우뚝 솟은 산 의 모습을 본뜬 한자입니다.

山의 획수는 총 3 획입니다.

山이 들어 있는 山부수 의 한자는 산 과 관련있습니다.

뜻과 음을 크게 읽으면서 山을 쓰세요.

山					

😊 山부수의 한자를 알아봅시다.

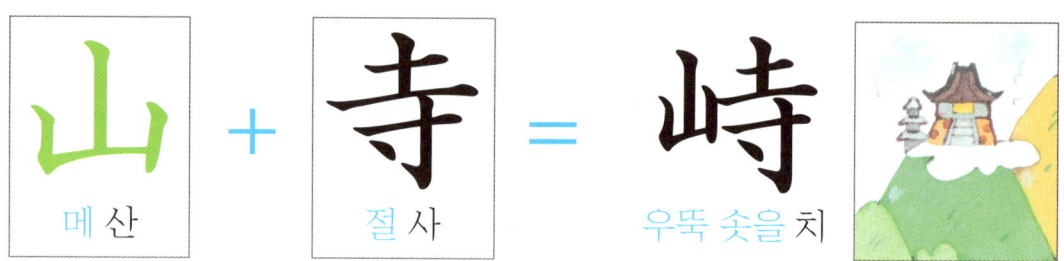

산 꼭대기에 절이 있으니 우뚝 솟은 모습이 됩니다.

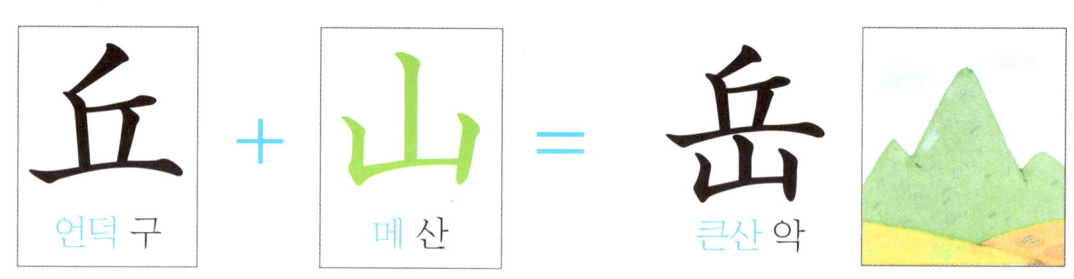

산 위에 언덕이 있으니 큰 산이 됩니다.

😊 山부수의 한자에 ○표 하세요.

A4a ❖이름: ❖날짜: ❖시간: 시 분~ 시 분

 내 천(川)에 대해 알아봅시다.

   천이라고 읽습니다.
  시내라는 뜻입니다.

● 빈 칸에 알맞은 글을 쓰세요.

川은 ☐ 이라 읽고, ☐☐ 라는 뜻입니다.

 川은 흘러가는 물을 본뜬 한자입니다.

● 빈 칸에 알맞은 글을 쓰세요.

川은 흘러가는 ☐ 을 본뜬 한자입니다.

 A4b

● 필순에 따라 川을 바르게 쓰세요.

총 3획

필순: 글자를 쓰는 순서

● 뜻과 음을 소리내어 읽으면서 川을 쓰세요.

내 천	내 천	내 천	내 천	내 천
川				

내 천	내 천	내 천	내 천	내 천
川				

● 빈 칸에 알맞은 한자와 뜻, 음을 쓰세요.

川				내	천
한자	뜻	음	한자	뜻	음

기탄 한자 A5a

 글을 읽고, 川이 나오는 낱말을 알아봅시다.

눈을 감으면 떠오르는
내 고향 山川(산천)

개천에는 졸졸졸
냇물이 흐르고

밤하늘 은하수는 별이 흐르는 河川(하천)

● 山川(산천): 산과 시냇물, 자연이라는 뜻
● 河川(하천): 강과 시냇물을 함께 부르는 말

 빈 칸에 알맞은 한자를 쓰세요.

산	천	하	천	하	천
山	川	河	川	河	川
山		河		河	

흐린 글자를 따라 쓰면서 川을 익히세요.

川은 천 이라고 읽고, 시내 라는 뜻입니다.

川은 흘러가는 시냇물 을 본뜬 한자입니다.

川의 획수는 총 3 획입니다.

川이 들어 있는 川부수 의 한자는 물 또는 시냇물 과 관련이 있습니다.

川부수는 巛 으로도 쓰이며, 巛 을 개미허리 라고 합니다.

뜻과 음을 크게 읽으면서 川을 쓰세요.

川					

A6a ❖이름: ❖날짜: ❖시간: 시 분 ~   시 분

 川 부수의 한자를 알아봅시다.

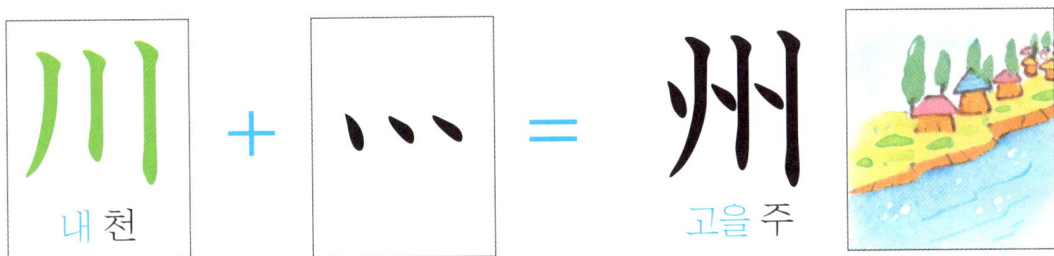

옛날에는 시내 근처에 고을이 있었습니다.

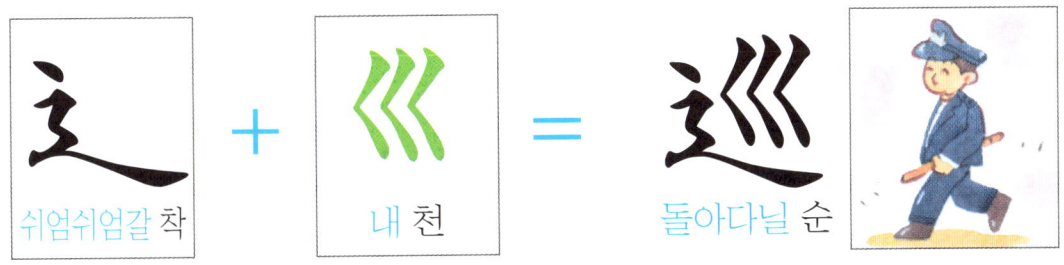

냇물이 천천히 흘러가듯이 돌아다니는 모습입니다.

참고 川부수는 巛 으로도 씁니다. 辶부수는 착받침(책받침)이라고 읽습니다.

 川부수 한자에 ○표 하세요.

🙂 사람 인(人)에 대해 알아봅시다.

| 人 사람 인 | 인이라고 읽습니다.
사람이라는 뜻입니다. |  |

● 빈 칸에 알맞은 글을 쓰세요.

人은 ☐이라 읽고, ☐☐이라는 뜻입니다.

🙂 人은 사람의 옆 모습을 본뜬 한자입니다.

● 빈 칸에 알맞은 글을 쓰세요.

人은 ☐☐의 옆 모습을 본뜬 한자입니다.

A7a ◆이름: ◆날짜: ◆시간: 시 분~ 시 분

🙂 필순에 따라 人을 바르게 쓰세요.

총 2획

필순: 글자를 쓰는 순서

● 뜻과 음을 소리내어 읽으면서 人을 쓰세요.

사람 인 人	사람 인	사람 인	사람 인	사람 인

사람 인 人	사람 인	사람 인	사람 인	사람 인

● 빈 칸에 알맞은 한자와 뜻, 음을 쓰세요.

人		
한자	뜻	음

	사람	인
한자	뜻	음

A7b

😊 글을 읽고, 人이 나오는 낱말을 알아봅시다.

선생님께서 우리들에게 물었습니다.
"人間(인간)이 동물과 다른 점은?"
내가 일어나서 대답했어요.
"남을 생각하는 마음이 있어요."
"잘 말했어요. 남을 생각하는 마음을 뭐라고 하지요?"
반에서 가장 人氣(인기)가 있는 정은이가 대답했어요.
"人心(인심)이라고 합니다."

● 人間(인간): 사람의 한자말   ● 人氣(인기): 사람에게 쏠리는 좋은 장점
● 人心(인심): 사람의 마음, 특히 남을 생각하는 마음

😊 빈 칸에 알맞은 한자를 쓰세요.

인	간	인	기	인	심
人	間	人	氣	人	心
	間		氣		心

A8a

흐린 글자를 따라 쓰면서 人을 익히세요.

人은 인 이라고 읽고, 사람 이라는 뜻입니다.

人은 사람 의 옆 모습 을 본뜬 한자입니다.

人의 획수는 총 2 획입니다.

人이 들어 있는 人 부수 의 한자는 사람 과 관련이 있습니다.

人부수는 亻으로도 쓰며, 亻을 사람인변 이라고 합니다.

뜻과 음을 크게 읽으면서 人을 쓰세요.

🐛 人부수의 한자를 알아봅시다.

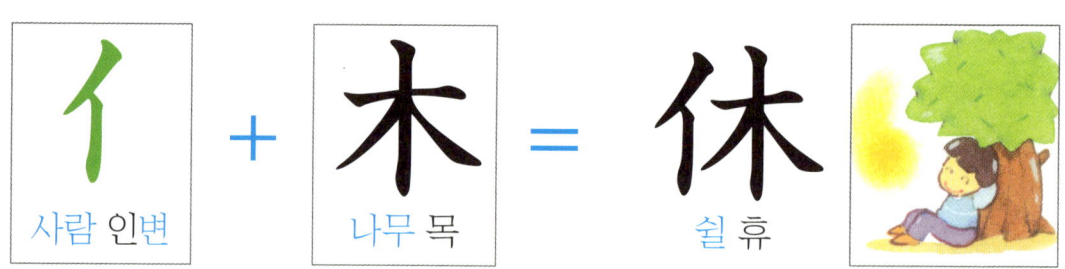

사람이 나무 옆에 있으니, 쉰다는 뜻이 됩니다.
참고 人부수는 亻으로도 씁니다.

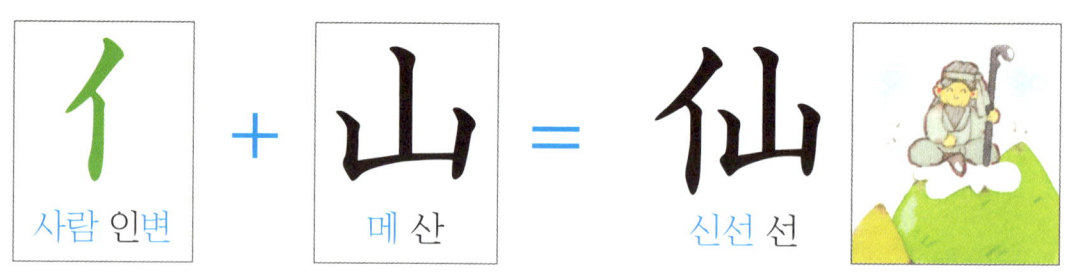

신선은 본래 산에 사는 사람이라는 뜻입니다.

🐛 人부수의 한자에 ○표 하세요.

A9a ❖이름: ❖날짜: ❖시간: 시 분~ 시 분

😊 흙 토(土)에 대해 알아봅시다.

토라고 읽습니다.
흙이라는 뜻입니다.

●빈 칸에 알맞은 글을 쓰세요.

土는 □라고 읽고, □이라는 뜻입니다.

😊 土는 흙에서 싹이 돋는 모습을 본뜬 한자입니다.

●빈 칸에 알맞은 글을 쓰세요.

土는 □에서 싹이 돋는 모습을 본뜬 한자입니다.

● 필순에 따라 土를 바르게 쓰세요.

총 3획

필순: 글자를 쓰는 순서

● 뜻과 음을 소리내어 읽으면서 土를 쓰세요.

흙 토	흙 토	흙 토	흙 토	흙 토
土				

흙 토	흙 토	흙 토	흙 토	흙 토
土				

● 빈 칸에 알맞은 한자와 뜻, 음을 쓰세요.

土		
한자	뜻	음

흙	토
한자	뜻	음

글을 읽고, 土가 나오는 낱말을 알아봅시다.

기탄이네 土地(토지)는 매우 기름진 땅입니다.
긴 수염을 가진 옥수수랑, 감자도 잘 자라고 있고,
호박 덩굴엔 호박이, 오이 덩굴엔 오이가
탐스럽게 열려 있어요.
땅 속에는 土卵(토란)이 자라고 있답니다.
이웃집 아저씨가 기탄이네를 부러워 했어요.
"과연 沃土(옥토)로구나!"

● 土地(토지) : 땅의 한자 말 ● 土卵(토란) : 땅속 줄기 채소의 하나
● 沃土(옥토) : 기름진 땅

빈 칸에 알맞은 한자를 쓰세요.

토	지	토	란	옥	토
土	地	土	卵	沃	土
	地		卵	沃	

🙂 흐린 글자를 따라 쓰면서 土를 익히세요.

土 는 토 라고 읽고, 흙 또는 땅 이라는 뜻입니다.

土 는 흙 에서 싹이 돋는 모습을 본뜬 한자입니다.

土 의 획수는 총 3획입니다.

土 가 들어 있는 土부수 의 한자는 흙 또는 땅 과 관련이 있습니다.

🙂 뜻과 음을 크게 읽으면서 土를 쓰세요.

土	土	土	土	土	土
	土	土	土	土	土

A11a ❖이름: ❖날짜: ❖시간: 시 분~ 시 분

 土부수의 한자를 알아봅시다.

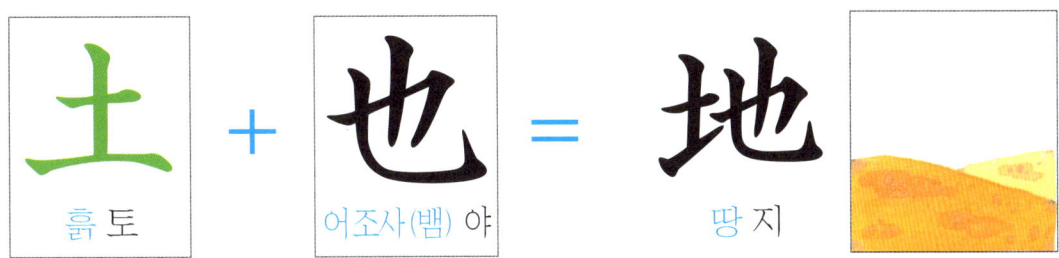

뱀은 땅의 흙 속에서 기어나옵니다.
참고 土부수는 ⺙로도 씁니다.
　　也는 땅 속에 숨어 있던 뱀이 머리를 쳐들고 나오는 모양을 본뜬 글자입니다.

옛날에는 도읍(도시)이 흙으로 지은 성 안에 있었습니다.

 土부수의 한자에 ○표 하세요.

　땅 지　　　신선 선　　　도읍 성　　　쉴 휴

😊 그림과 관계있는 한자를 선으로 이으세요.

人

土

川

山

기탄 한자

A12a ◆이름:　　　◆날짜:　　　◆시간:　　시　분~　시　분

🐞 이번 주에 배운 한자를 뜻과 음을 읽으면서 쓰세요.

메 산 山	메 산	메 산	메 산	메 산

내 천 川	내 천	내 천	내 천	내 천

사람 인 人	사람 인	사람 인	사람 인	사람 인

흙 토 土	흙 토	흙 토	흙 토	흙 토

😊 부수가 같은 한자끼리 선을 이으세요.

사람 인

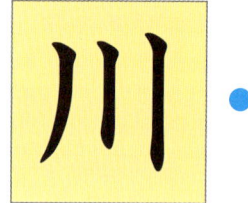
내 천

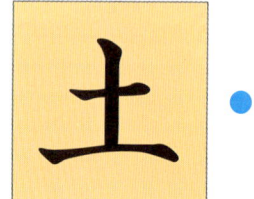
흙 토

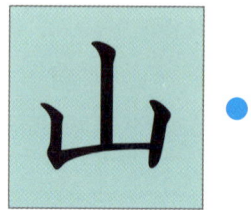
메 산

땅 지

쉴 휴

돌아다닐 순

큰산 악

A13a

빈 칸에 알맞은 한자를 쓰세요.

산	장
	莊

하	천
河	

인	간
	間

토	지
	地

🙂 동화를 읽고, 빈 칸에 알맞은 한자를 쓰세요.

어리석은 호랑이

깊은 山 속 土窟(토굴) 안에 사는 호랑이가
지나가던 여우를 잡았어요.
"절 살려 주시면 맛있는 土人(토인)을 잡아 먹게 해 드릴게요."
"그게 정말이냐? 그럼 살려 주지."
여우는 河川(하천) 부근에 함정을 팠어요.
"土人이 빠지면 소리를 지를 테니까 저 쪽에 숨으세요."
호랑이는 나무 뒤에 숨었어요. 잠시 후, 여우가 소리쳤어요.
"호랑이님, 土人이 함정에 빠졌어요."
호랑이가 얼른 가 보았지만, 함정 속은 깜깜하여 아무것도
보이지 않았어요. 호랑이가 함정을 살피는 순간 갑자기
여우가 호랑이를 떠밀었어요.
"아이쿠!"
호랑이가 오히려 함정에 빠지고 말았어요.

메 산	내 천	흙 토	사람 인

A14a

🐷 한자와 음, 뜻이 같은 길을 따라가 보세요.

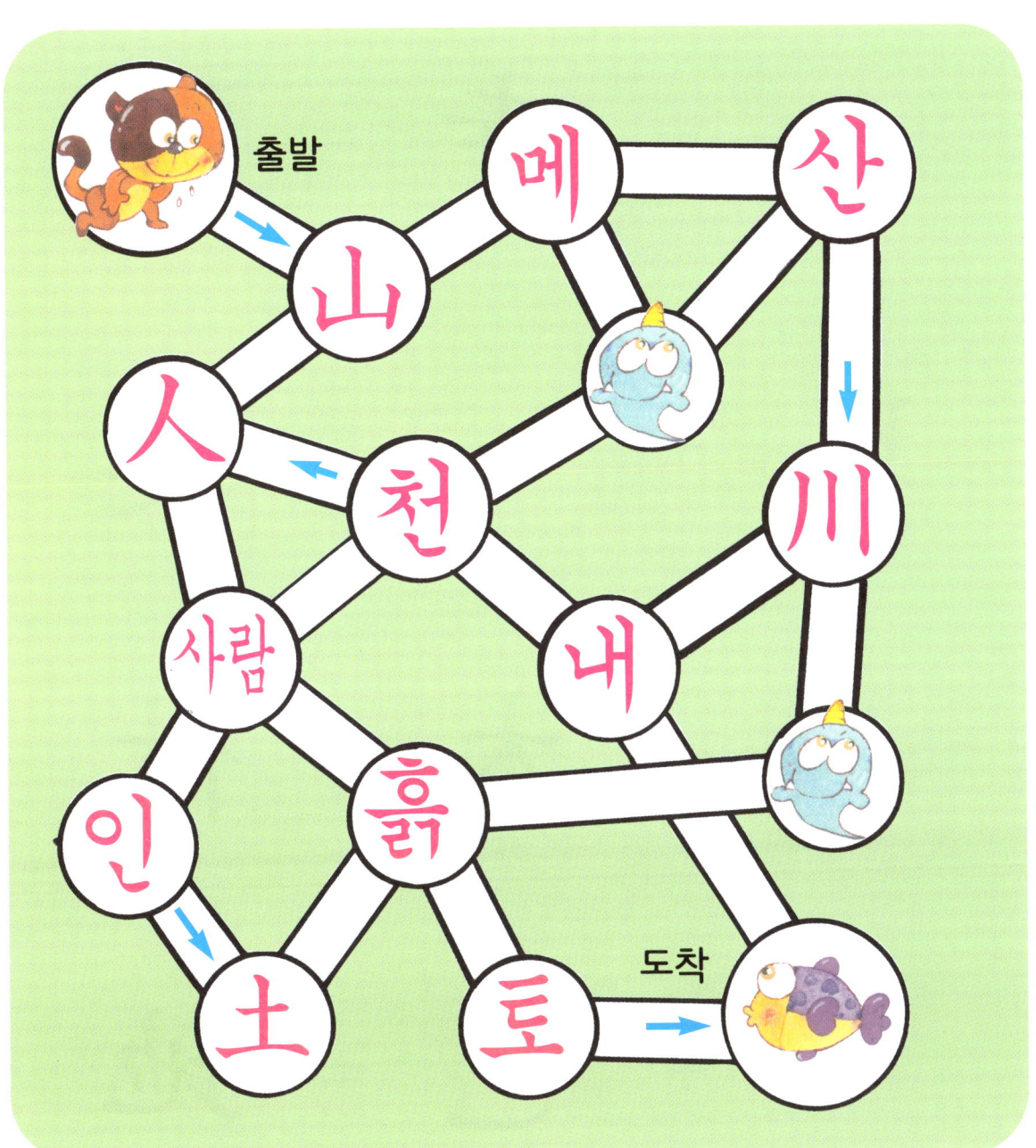

🐞 빈 칸에 알맞은 부수를 쓰세요.

☐ + 寺 = 峙

辶 + ☐ = 巡

☐ + 木 = 休

☐ + 也 = 地

 A15a ◆이름: ◆날짜: ◆시간: 시 분~ 시 분

🐛 서로 알맞은 것끼리 이으세요.

 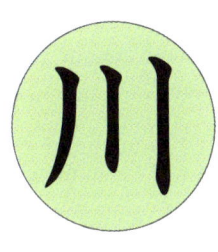  

   내

🙂 보기에 따라 색칠하세요.

보기 山:분홍색, 人:파랑색, 川:노랑색, 土: 빨강색

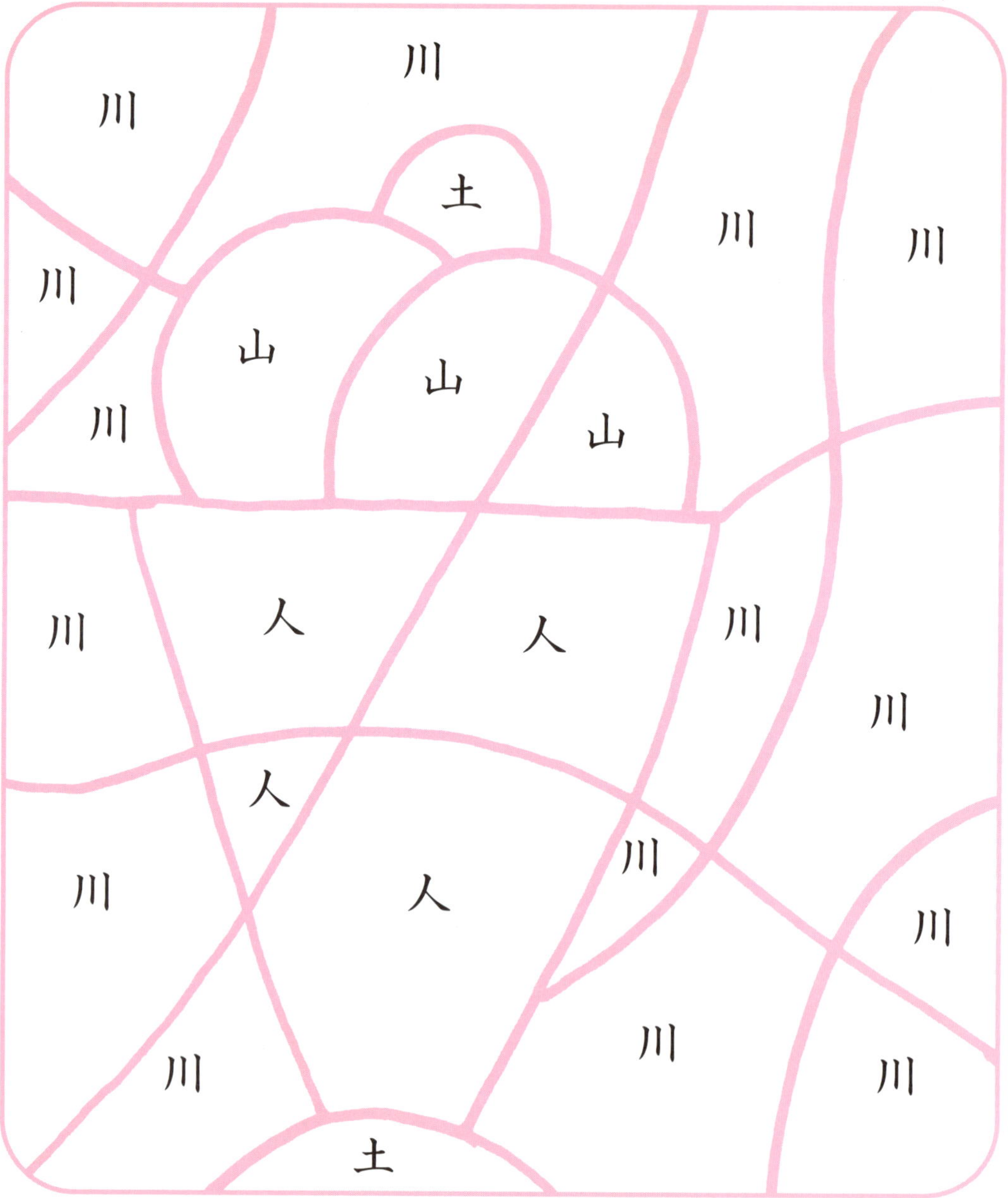

개인별·능력별 학습 프로그램

A 단계 교재 A16a-A30b

기탄한자 한석봉

이번 주에 배울 한자

日	月	木	石
날 일	달 월	나무 목	돌 석

금주평가	읽 기	쓰 기	이번 주는?
	Ⓐ 아주 잘함	Ⓐ 아주 잘함	・학습방법 ① 매일매일 ② 가끔 ③ 한꺼번에 - 하였습니다.
	Ⓑ 잘함	Ⓑ 잘함	・학습태도 ① 스스로 잘 ② 시켜서 억지로 - 하였습니다.
	Ⓒ 보통	Ⓒ 보통	・학습흥미 ① 재미있게 ② 싫증내며 - 하였습니다.
	Ⓓ 부족함	Ⓓ 부족함	・교재내용 ① 적합하다고 ② 어렵다고 ③ 쉽다고 - 하였습니다.

♣ 지도 교사가 부모님께	♣ 부모님이 지도 교사께

| 종합평가 | Ⓐ 아주 잘함 | Ⓑ 잘함 | Ⓒ 보통 | Ⓓ 부족함 |

원교   반   이름   전화

기탄교육
www.gitan.co.kr / (02)586-1007(대)

😊 지난 주에 배운 한자를 큰 소리로 읽으면서 써 보세요.

메 산 山	메 산	메 산	메 산	메 산

내 천 川	내 천	내 천	내 천	내 천

사람 인 人	사람 인	사람 인	사람 인	사람 인

흙 토 土	흙 토	흙 토	흙 토	흙 토

A16a ❖이름: ❖날짜: ❖시간: 시 분~ 시 분

🐝 이번 주에 배울 한자를 큰 소리로 읽어 보세요.

日 날 일

月 달 월

木 나무 목

石 돌 석

😊 날 일(日)에 대해 알아봅시다.

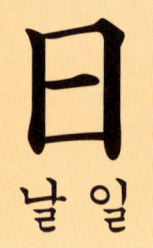 일이라고 읽습니다.
날 또는 해라는 뜻입니다.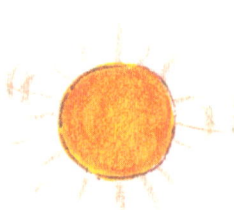

● 빈 칸에 알맞은 글을 쓰세요.

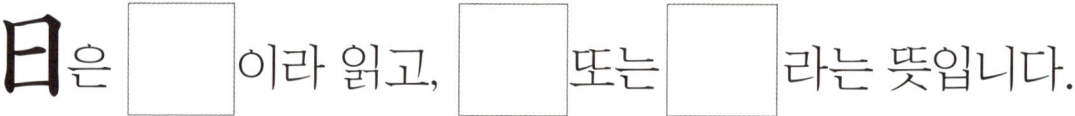
日은 □이라 읽고, □ 또는 □라는 뜻입니다.

😊 日은 밝은 해를 본뜬 한자입니다.

● 빈 칸에 알맞은 글을 쓰세요.

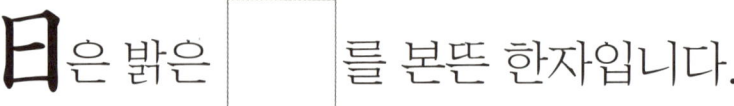
日은 밝은 □를 본뜬 한자입니다.

A17a ❖이름: ❖날짜: ❖시간: 시 분~ 시 분

🐝 필순에 따라 日을 바르게 쓰세요.

총 4획

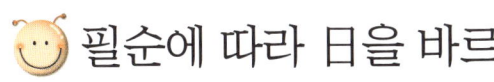

● 뜻과 음을 소리내어 읽으면서 日을 쓰세요.

날 일	날 일	날 일	날 일	날 일
日				

날 일	날 일	날 일	날 일	날 일
日				

● 빈 칸에 알맞은 한자와 뜻, 음을 쓰세요.

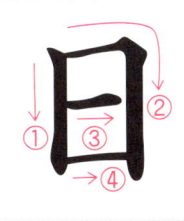				
한자	뜻	음	한자	뜻	음

A17b

😊 글을 읽고, 日이 나오는 낱말을 알아봅시다.

오늘은 休日(휴일)이에요.
그래서 나는 아빠와 함께 공원에 나가 놀았어요.
아빠는 많은 日課(일과) 때문에 늘 피곤해하십니다.
"오랫만에 맑은 공기를 마시며 쉬었더니, 몸이 상쾌하구나!"
아빠가 웃으면서 말했어요.
나는 그 말을 듣고 每日(매일) 休日이었으면
좋겠다고 생각했어요.

● 休日(휴일): 쉬는 날   ● 日課(일과): 하루에 해야 할 일
● 每日(매일): 날마다

😊 빈 칸에 알맞은 한자를 쓰세요.

휴	일	일	과	매	일
休	日	日	課	每	日
休			課	每	

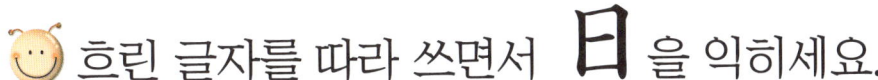

A18a ❖이름: ❖날짜: ❖시간: 시 분~ 시 분

🙂 흐린 글자를 따라 쓰면서 日 을 익히세요.

日 은 일 이라고 읽고, 날 또는 해 라는 뜻입니다.

日 은 밝은 해 를 본뜬 한자입니다.

日 의 획수는 총 4 획입니다.

日 이 들어 있는 日 부수 의 한자는 해 또는 밝은 것 과 관련이 있습니다.

🙂 뜻과 음을 크게 읽으면서 日을 쓰세요.

日	日	日	日	日	日
		日	日	日	日

🐝 日부수의 한자를 알아봅시다.

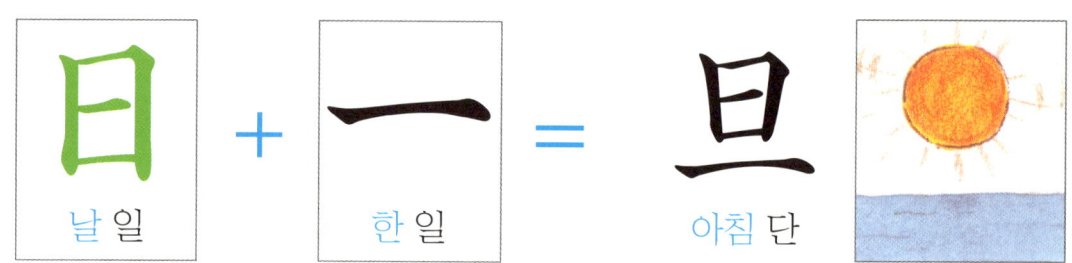

수평선 위로 해가 떠오르니 아침이 됩니다.

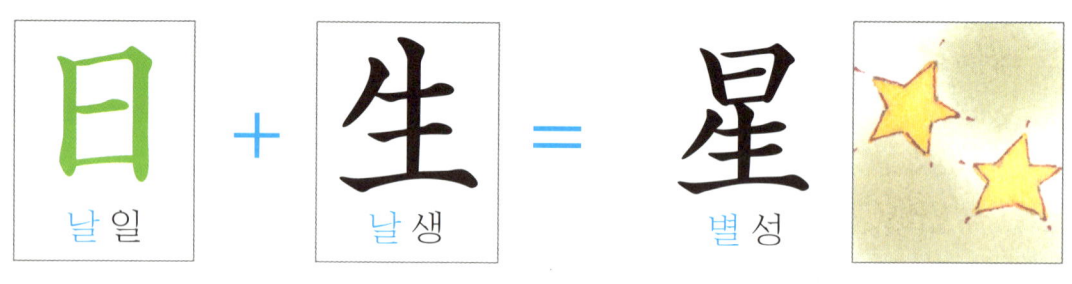

해가 지면 하늘에는 별이 나옵니다.

🐝 日부수의 한자에 ○표 하세요.

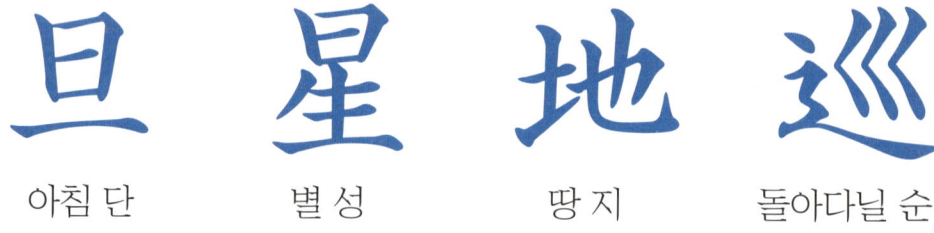

A19a ❖이름: ❖날짜: ❖시간: 시 분~ 시 분

😊 달 월(月)에 대해 알아봅시다.

월이라고 읽습니다.
달 또는 월이라는 뜻입니다.

● 빈 칸에 알맞은 글을 쓰세요.

月은 [　] 이라고 읽고, [　] 또는 [　] 이라는 뜻입니다.

😊 月은 산 위에 솟아오르는 초생달을 본뜬 한자입니다.

● 빈 칸에 알맞은 글을 쓰세요.

月은 [　][　][　] 을 본뜬 한자입니다.

A19b

😊 필순에 따라 月을 바르게 쓰세요.

총 4획

| 月 | 月 | 月 | 月 | 月 |

● 뜻과 음을 소리내어 읽으면서 月을 쓰세요.

달 월 月	달 월	달 월	달 월	달 월

달 월 月	달 월	달 월	달 월	달 월

● 빈 칸에 알맞은 한자와 뜻, 음을 쓰세요.

月		
한자	뜻	음

	달	월
한자	뜻	음

A20a

😊 글을 읽고, 月이 나오는 낱말을 알아봅시다.

"여보, 이것 받으세요."
아버지는 每月(매월) 한 번씩 어머니에게 선물을 주신답니다.
바로 月給(월급) 봉투입니다.
"수고하셨어요. 아껴 쓸게요."
어머니는 공손하게 봉투를 받아드십니다.
아버지가 자랑스러운 표정을 짓는 날이 바로 月給 날입니다.
아버지의 흐뭇한 표정을 보고, 달님도 月光(월광)을 비춰 줍니다.

● 每月(매월): 달마다 ● 月給(월급): 일한 대가로 다달이 받는 일정한 액수의 돈.
● 月光(월광): 달빛

😊 빈 칸에 알맞은 한자를 쓰세요.

매	월	월	급	월	광
每	月	月	給	月	光
每			給		光

A20b

🐝 흐린 글자를 따라 쓰면서 月을 익히세요.

月은 월 이라고 읽고, 달 또는 월 이라는 뜻입니다.

月은 초생달 이 솟아오르는 모습을 본뜬 한자입니다.

月의 획수는 총 4획입니다.

月이 들어 있는 月부수 의 한자는 달 또는 월 과 관련이 있습니다.

🐝 뜻과 음을 크게 읽으면서, 月을 쓰세요.

月	月	月	月	月
月	月	月	月	月

A21a ❖이름: ❖날짜: ❖시간   시 분~ 시 분

😊 月부수의 한자를 알아봅시다.

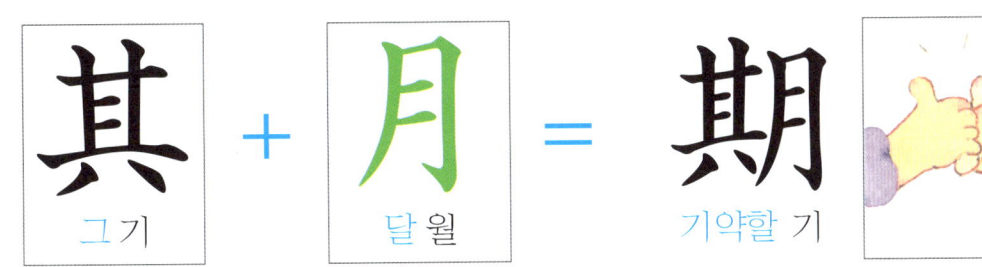

其 (그 기) + 月 (달 월) = 期 (기약할 기)

그 달에 약속한다는 뜻으로 만들어진 한자입니다.

 月이 들어간 한자를 알아봅시다.

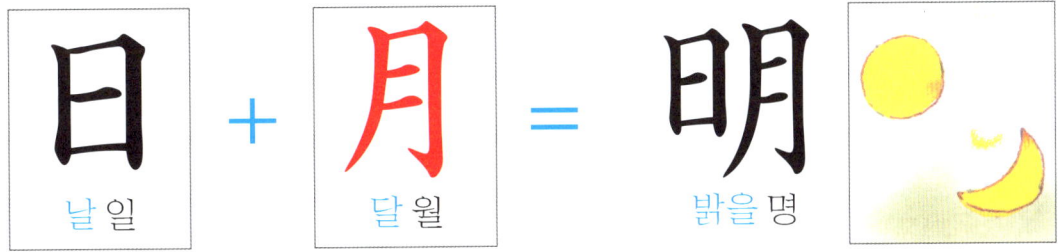

日 (날 일) + 月 (달 월) = 明 (밝을 명)

해와 달이 함께 있으니, 주위가 밝습니다.
明은 日(날 일)부수의 한자입니다.

😊 月부수의 한자에 ○표 하세요.

旦 (아침 단)   期 (기약할 기)   明 (밝을 명)   星 (별 성)

A21b

🐝 나무 목(木)에 대해 알아봅시다.

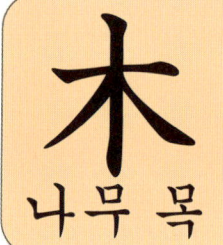 목이라고 읽습니다.
나무라는 뜻입니다.

● 빈 칸에 알맞은 글을 쓰세요.

 은 ☐ 이라 읽고, ☐☐ 라는 뜻입니다.

🐝 木은 땅에 뿌리를 내린 나무 모양을 본뜬 한자입니다.

● 빈 칸에 알맞은 글을 쓰세요.

 은 ☐☐ 모양을 본뜬 한자입니다.

 A22a ❖이름: ❖날짜: ❖시간: 시 분~ 시 분

● 필순에 따라 木을 바르게 쓰세요. 총 4획

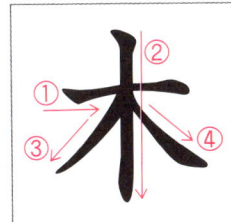

● 뜻과 음을 소리내어 읽으면서 木을 쓰세요.

나무 목	나무 목	나무 목	나무 목	나무 목
木				

나무 목	나무 목	나무 목	나무 목	나무 목
木				

● 빈 칸에 알맞은 한자와 뜻, 음을 쓰세요.

木		
한자	뜻	음

	나무	목
한자	뜻	음

글을 읽고, 木이 나오는 낱말을 알아봅시다.

기탄이의 작은아버지는 木工(목공)입니다.
"작은아버지, 이 건물은 왜 나무로만 짓나요?"
"木造(목조) 건물이니까 그렇지."
"木造 건물이 뭐예요?"
"말 그대로 나무를 주 재료로 써서 만드는 집이란다."
"아하! 그래서 주위에 原木(원목)들이
산더미처럼 쌓여 있는 거로군요."
"우리 기탄이 대단한데! 原木도 다 알고."

- 木工(목공): 나무로 집을 짓거나 물건을 만드는 사람
- 木造(목조): 나무로 지음　● 原木(원목): 가공하지 않은 나무

빈 칸에 알맞은 한자를 쓰세요.

목	공	목	조	원	목
木	工	木	造	原	木
	工		造	原	

A23a

🐝 흐린 글자를 따라 쓰면서 木을 익히세요.

木은 목 이라고 읽고, 나무 라는 뜻입니다.

木은 땅 에 뿌리 를 내린 나무 의 모습을 본뜬 한자입니다.

木의 획수는 총 4 획입니다.

木이 들어 있는 木부수 의 한자는 나무 와 관련이 있습니다.

🐝 뜻과 음을 크게 읽으면서, 木을 쓰세요.

木	木	木	木	木	木
木	木	木	木	木	木

😊 木부수의 한자를 알아봅시다.

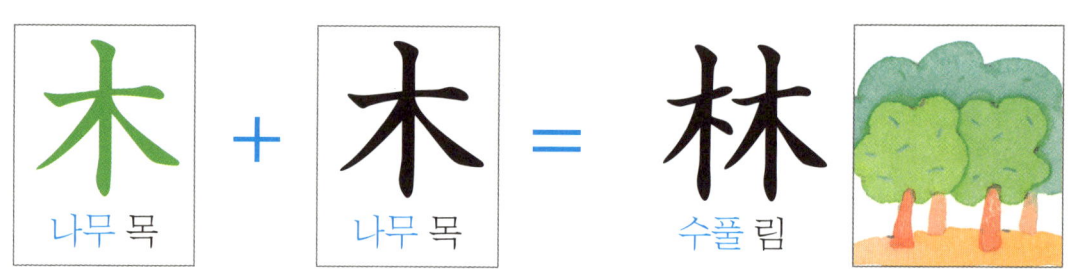

나무가 여러 그루 모이면 숲이 됩니다.

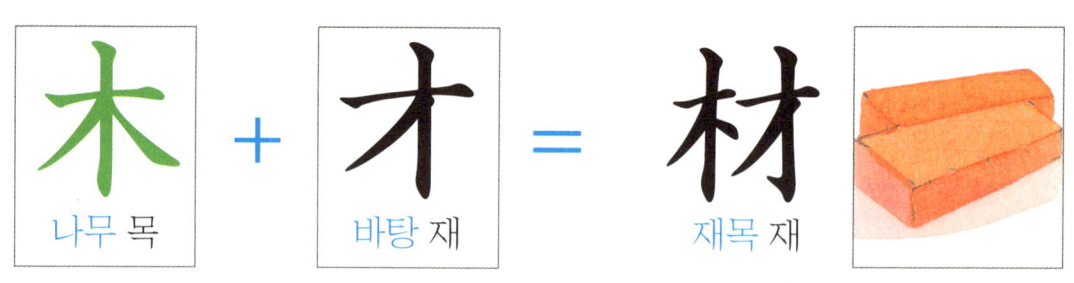

재목의 바탕(재료)은 나무입니다.

😊 木부수의 한자에 ○표 하세요.

A24a ❖이름: ❖날짜: ❖시간: 시 분~ 시 분

😊 돌 석(石)에 대해 알아봅시다.

석이라고 읽습니다.
돌이라는 뜻입니다.

● 빈 칸에 알맞은 글을 쓰세요.

石은 □이라고 읽고, □이라는 뜻입니다.

😊 石은 언덕 밑에 있는 돌 모양을 본뜬 한자입니다.

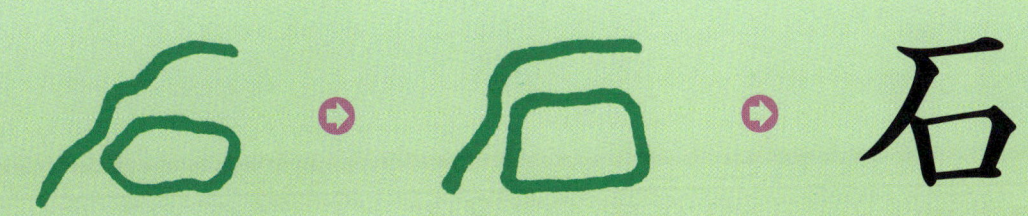

● 빈 칸에 알맞은 글을 쓰세요.

石은 □ 모양을 본뜬 한자입니다.

A24b

😊 필순에 따라 石을 바르게 쓰세요.

총 5획

● 뜻과 음을 소리내어 읽으면서 石을 쓰세요.

돌 석	돌 석	돌 석	돌 석	돌 석
石				

● 빈 칸에 알맞은 한자와 뜻, 음을 쓰세요.

石		
한자	뜻	음

	돌	석
한자	뜻	음

A25a

글을 읽고, 石이 나오는 낱말을 알아봅시다.

石手(석수)가 망치로 돌을 쪼고 있어요.
큰 돌이 차츰 모양을 내기 시작하고
그 모양이 점차 石佛(석불)을 닮아 갑니다.
비가 내리고, 낙엽이 지고, 눈이 내리고, 새싹이 돋고,
세월은 자꾸만 흘러가는데 石窟(석굴) 안의 石手는 돌만 쪼고 있어요.
다시 세월이 가고, 石手는 늙어 가더니
石窟 안에 드디어 石佛이 생겼어요.
인자한 눈, 바른 자세 돌 부처님이 되었답니다.

- 石手(석수): 돌로 집을 짓거나 물건을 만드는 사람
- 石佛(석불): 돌부처
- 石窟(석굴): 돌로 이루어진 동굴

빈 칸에 알맞은 한자를 쓰세요.

석	수	석	불	석	굴
石	手	石	佛	石	窟
	手		佛		窟

흐린 글자를 따라 쓰면서 石을 익히세요.

石은 석 이라고 읽고, 돌 이라는 뜻입니다.

石은 언덕 밑 에 있는 돌 을 본뜬 한자입니다.

石의 획수는 총 5 획입니다.

石이 들어 있는 石 부수 의 한자는 돌 과 관련이 있습니다.

뜻과 음을 크게 읽으면서, 石을 쓰세요.

石				

A26a ❖이름: ❖날짜: ❖시간: 시 분~ 시 분

 石부수의 한자를 알아봅시다.

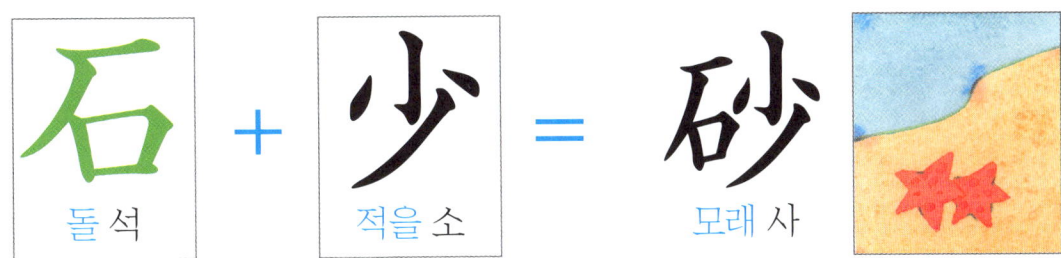

돌이 닳아 작아지면 모래가 됩니다.

石 + 卑 = 碑
돌 석   낮을 비   비석 비

산소에 놓는 비석은 나지막한 돌로 만듭니다.

 石부수의 한자에 ○표 하세요.

林 砂 碑 材
수풀 림   모래 사   비석 비   재목 재

A26b

😊 이번 주에 배운 한자의 뜻과 음을 읽으면서 쓰세요.

날 일 日	날 일	날 일	날 일	날 일
달 월 月	달 월	달 월	달 월	달 월
나무 목 木	나무 목	나무 목	나무 목	나무 목
돌 석 石	돌 석	돌 석	돌 석	돌 석

A27a

🐝 숨은 한자를 찾아 색칠하고, 큰 소리로 읽어 보세요.

😊 한자와 음, 뜻이 맞는 것끼리 바르게 이으세요.

日	•	•	나무 목
月	•	•	날 일
木	•	•	달 월
石	•	•	돌 석

A28a　❖이름:　　❖날짜:　　❖시간:　시　분~　시　분

 부수가 같은 한자끼리 바르게 이으세요.

日　•　　　　•　
날 일　　　　　　수풀 림

月　•　　　　•　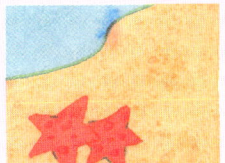
달 월　　　　　　모래 사

木　•　　　　•　
나무 목　　　　　아침 단

石　•　　　　•　
돌 석　　　　　　기약할 기

🙂 빈 칸에 알맞은 한자를 쓰세요.

A29a

🙂 동화를 읽고, 빈 칸에 알맞은 한자를 쓰세요.

주인에게 속은 원숭이

서커스 단 木馬(목마) 위에서 재주 부리는 원숭이가 있었어요.
어느 날, 원숭이는 주인에게 먹이를 더 달라고 했어요.
"먹이를 더 주지 않으면, 재주를 부리지 않겠어요."
주인이 원숭이에게 물었어요.
"내가 너에게 每日(매일) 먹이를 얼마나 주고 있지?"
"每日 도토리 일곱 개씩 주시잖아요."
그 말을 듣고 주인은 꾀를 냈어요.
"내가 너에게 每月(매월) 도토리 2백 개를 주겠다. 어때?"
이 말을 듣고 원숭이는 石塔(석탑)에
깡충 뛰어 오르면서 말했어요.
"좋아요. 그렇게만 해 주신다면,
이 石塔 위에서도 재주를 부리겠어요.
바보 같은 원숭이는 그만 주인에게 속고 만 것이에요.
每月 도토리 2백 개라면, 每日 원숭이에게
돌아가는 도토리는 일곱 개도 안 되거든요.

날 일	달 월	나무 목	돌 석

A29b

🐝 보기에 따라 색칠하세요.

보기 日:빨강색, 月:분홍색, 木:파랑색, 石: 노랑색

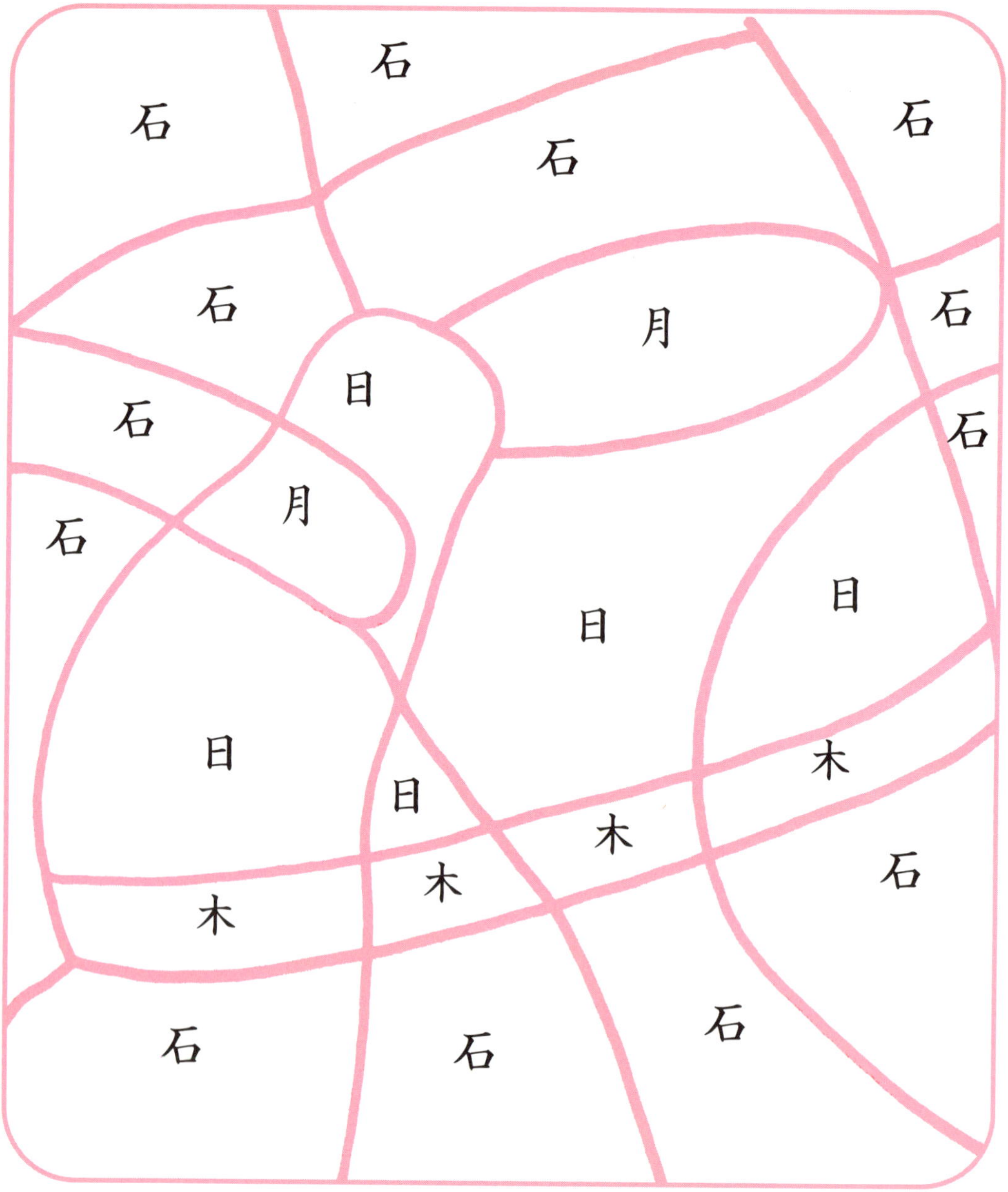

🐝 서로 알맞은 것끼리 이으세요.

日　月　木　石

날　나무　달　돌

월　일　석　목

 A30b

😊 빈 칸에 알맞은 부수를 쓰세요.

☐ + 一 = 旦

其 + ☐ = 期

☐ + 木 = 林

☐ + 卑 = 碑

개인별·능력별 학습 프로그램

A 단계 교재 A31a-A45b

한석봉 기탄한자

이번 주에 배울 한자

子	女	水	火
아들 자	여자 녀	물 수	불 화

금주평가

	읽기	쓰기
	Ⓐ 아주 잘함	Ⓐ 아주 잘함
	Ⓑ 잘함	Ⓑ 잘함
	Ⓒ 보통	Ⓒ 보통
	Ⓓ 부족함	Ⓓ 부족함

이번 주는?
- 학습방법 ① 매일매일 ② 가끔 ③ 한꺼번에
  - 하였습니다.
- 학습태도 ① 스스로 잘 ② 시켜서 억지로
  - 하였습니다.
- 학습흥미 ① 재미있게 ② 싫증내며
  - 하였습니다.
- 교재내용 ① 적합하다고 ② 어렵다고 ③ 쉽다고
  - 하였습니다.

♣ 지도 교사가 부모님께

♣ 부모님이 지도 교사께

종합평가   Ⓐ 아주 잘함   Ⓑ 잘함   Ⓒ 보통   Ⓓ 부족함

원교   반   이름   전화

기탄교육
www.gitan.co.kr / (02)586-1007(대)

😊 지난 주에 배운 한자를 큰 소리로 읽으면서 써 보세요.

날 일 日	날 일	날 일	날 일	날 일

달 월 月	달 월	달 월	달 월	달 월

나무 목 木	나무 목	나무 목	나무 목	나무 목

돌 석 石	돌 석	돌 석	돌 석	돌 석

A31a ◆이름: ◆날짜: ◆시간: 시 분~ 시 분

😊 이번 주에 배울 한자를 큰 소리로 읽어 보세요.

水
물 수

子
아들 자

女
여자 녀

火
불 화

🐛 아들 자(子)에 대해 알아봅시다.

자라고 읽습니다.
아들이라는 뜻입니다.

● 빈 칸에 알맞은 글을 쓰세요.

子는 ☐ 라고 읽고, ☐☐ 이란 뜻입니다.

🐛 子는 아들이 앉아 있는 모습을 본뜬 한자입니다.

● 빈 칸에 알맞은 글을 쓰세요.

子는 ☐☐ 이 앉아 있는 모습의 한자입니다.

A32a ❖이름: ❖날짜: ❖시간: 시 분~ 시 분

 필순에 따라 子를 바르게 쓰세요.

총 3획

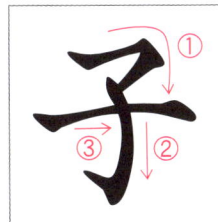    

● 뜻과 음을 소리내어 읽으면서 를 쓰세요.

아들 자	아들 자	아들 자	아들 자	아들 자
子				

아들 자	아들 자	아들 자	아들 자	아들 자
子				

● 빈 칸에 알맞은 한자와 뜻, 음을 쓰세요.

子		
한자	뜻	음

	아들	자
한자	뜻	음

A32b

😊 글을 읽고, 子가 나오는 낱말을 알아봅시다.

오랫만에 할머니께서 시골에서 오셨습니다.
"아이고, 내 새끼들."
할머니께서는 우리를 품에 꼭 껴안으셨습니다.
그 날 밤, 할머니께서 아버지에게 말씀하셨습니다.
"네 형네 子息(자식)들에게도 잘해 주어라.
모두가 한 子孫(자손)이 아니니?"
할머니께서는 돌아가신 큰아버지의 子女(자녀)들을 걱정하셨습니다.

● 子息(자식): 아들과 딸   ● 子孫(자손): 대대로 이어지는 후손
● 子女(자녀): 아들과 딸. 자식과 같은 말

😊 빈 칸에 알맞은 한자를 쓰세요.

자	식	자	손	자	녀
子	息	子	孫	子	女
	息		孫		女

A33a ◆이름: ◆날짜: ◆시간: 시 분~ 시 분

🐛 흐린 글자를 따라 쓰면서 子를 익히세요.

子는 자 라고 읽고, 아들 이라는 뜻입니다.

子는 앉아 있는 아들 을 본뜬 한자입니다.

子의 획수는 총 3 획입니다.

子가 들어 있는 子부수 의 한자는 아들 또는 자식 과 관련이 있습니다.

🐛 뜻과 음을 크게 읽으면서, 子를 쓰세요.

子					

😊 子부수의 한자를 알아봅시다.

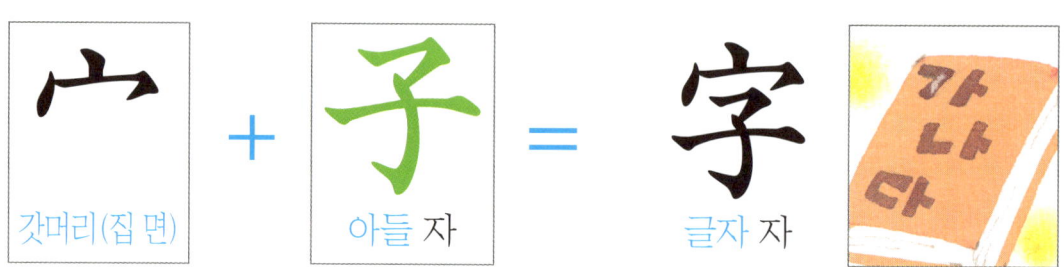

집 안에서 아들이 늘어나듯이, 글자도 늘어납니다.

아들이 늙은 어머니를 업고 있으니, 효도한다는 뜻이 됩니다.

참고 늙을 로의 바른 글자는 老입니다.

😊 子부수의 한자에 ○표 하세요.

A34a ◆이름: ◆날짜: ◆시간: 시 분~ 시 분

 여자 녀(女)에 대해 알아봅시다.

 너 또는 여라고 읽습니다.
여자라는 뜻입니다.

● 빈 칸에 알맞은 글을 쓰세요.

女는 □ 또는 □ 라 읽고, □□ 란 뜻.

 女는 춤 추는 여자 아이의 모습을 본뜬 한자입니다.

● 빈 칸에 알맞은 글을 쓰세요.

女는 □□ 아이의 모습을 본뜬 한자입니다.

A34b

● 필순에 따라 女를 바르게 쓰세요.

총 3획

| 女 | 女 | 女 | 女 | 女 |

● 뜻과 음을 소리내어 읽으면서 女를 쓰세요.

| 여자 녀 / 女 | 여자 녀 | 여자 녀 | 여자 녀 | 여자 녀 |
| 여자 녀 / 女 | 여자 녀 | 여자 녀 | 여자 녀 | 여자 녀 |

● 빈 칸에 알맞은 한자와 뜻, 음을 쓰세요.

| 女 | | | | 여자 | 녀 |
| 한자 | 뜻 | 음 | 한자 | 뜻 | 음 |

A35a ◆이름: ◆날짜: ◆시간: 시 분~   시 분

🌱 글을 읽고, 女가 나오는 낱말을 알아봅시다.

옛날 어느 女王(여왕)에게는 美女(미녀)인 공주가 있었습니다.
두 사람은 매우 행복하게 살았습니다.
그러나 공주를 시기하던 마녀는 공주에게 독이 든 과자를 주었습니다.
공주는 과자를 먹고 숨을 멈추었습니다.
"히히, 너희 母女(모녀)가 나를 무시한 죄야. 공주가 깨어 나려면,
백마를 탄 왕자가 이 성에 도착해야 해!"
마녀는 이 말을 마치고 사라졌습니다.

● 女王(여왕): 여자 임금
● 美女(미녀): 아름다운 여자   ● 母女(모녀): 어머니와 딸

🌱 빈 칸에 알맞은 한자를 쓰세요.

미	녀	여	왕	모	녀
美	女	女	王	母	女
美			王	母	

A35b

👾 흐린 글자를 따라 쓰면서 女를 익히세요.

女는 녀 또는 여 라고 읽고, 여자 라는 뜻입니다.

女는 여자아이 의 모습을 본뜬 한자입니다.

女의 획수는 총 3 획입니다.

女가 들어 있는 女부수 의 한자는 여자 와 관련이 있습니다.

👾 뜻과 음을 크게 읽으면서 女를 쓰세요.

女	女	女	女	女
	女	女	女	女

A36a ❖이름: ❖날짜: ❖시간: 시 분~ 시 분

 女부수의 한자를 알아봅시다.

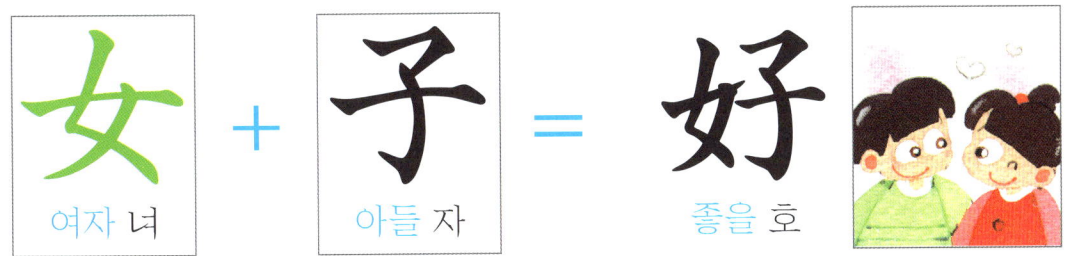

여자와 남자가 다정하게 지내는 것은 보기에도 좋습니다.

참고 女가 들어간 한자를 알아봅시다.

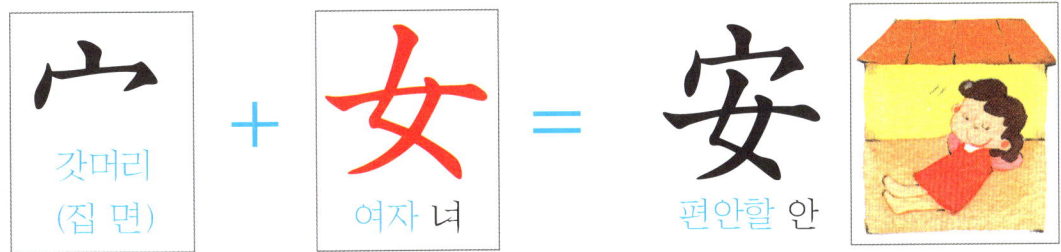

집안에 여자가 있으니, 가정이 편안하다는 뜻입니다.
安은 宀(갓머리, 집 면)부수의 한자입니다.

 女부수의 한자에 ○표 하세요.

好　　安　　孝　　字

좋을 호　　편안할 안　　효도할 효　　글자 자

😊 물 수(水)에 대해 알아봅시다.

 수라고 읽습니다.
물 수   물이라는 뜻입니다.

● 빈 칸에 알맞은 글을 쓰세요.

水는 ☐라 읽고, ☐이라는 뜻입니다.

😊 水는 물이 흐르는 모습을 본뜬 한자입니다.

● 빈 칸에 알맞은 글을 쓰세요.

水는 ☐이 흘러가는 모습을 본뜬 한자입니다.

A37a　◆이름:　　　◆날짜:　　　◆시간:　　시　분~　시　분

 필순에 따라 水를 바르게 쓰세요.　　　　　　　총 4획

水	水	水	水	水

● 뜻과 음을 소리내어 읽으면서 水를 쓰세요.

물 수	물 수	물 수	물 수	물 수
水				

물 수	물 수	물 수	물 수	물 수
水				

● 빈 칸에 알맞은 한자와 뜻, 음을 쓰세요.

水				물	수
한자	뜻	음	한자	뜻	음

A37b

🙂 글을 읽고, 水가 나오는 낱말을 알아봅시다.

어제는 춘천 댐으로 봄 소풍을 갔습니다.
水分(수분)을 머금은 공기가 마음을 상쾌하게 해 주었습니다.
"저기에서 水泳(수영)이나 했으면 좋겠다."
나영이가 말했습니다.
"선생님, 저건 뭐예요?"
명수가 높은 탑을 가리키면서 물었습니다.
"으응, 그건 물의 힘으로 전기를 만드는 水力(수력) 발전소란다."
선생님께서는 물은 사람들에게 소중한 것이라고 설명해 주셨습니다.

● 水分(수분): 물기 ● 水泳(수영): 물에서 헤엄치기 ● 水力(수력): 물의 힘

🙂 빈 칸에 알맞은 한자를 쓰세요.

수	분	수	력	수	영
水	分	水	力	水	泳
	分		力		泳

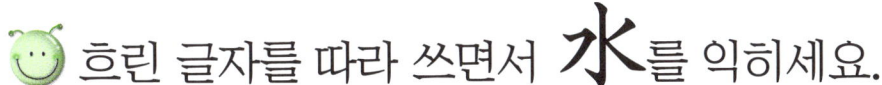

흐린 글자를 따라 쓰면서 水를 익히세요.

水는 수 라고 읽고, 물 이라는 뜻입니다.

水는 물이 흐르는 모습을 본뜬 한자입니다.

水의 획수는 총 4 획입니다.

水가 들어 있는 水부수 의 한자는 물 과 관련이 있습니다.

水부수는 氵으로도 쓰이며, 氵을 삼수변 또는 물수변 이라고 합니다.

뜻과 음을 크게 읽으면서, 水를 쓰세요.

水	水	水	水	水	水
水	水	水	水	水	水

 A38b

😊 水부수의 한자를 알아봅시다.

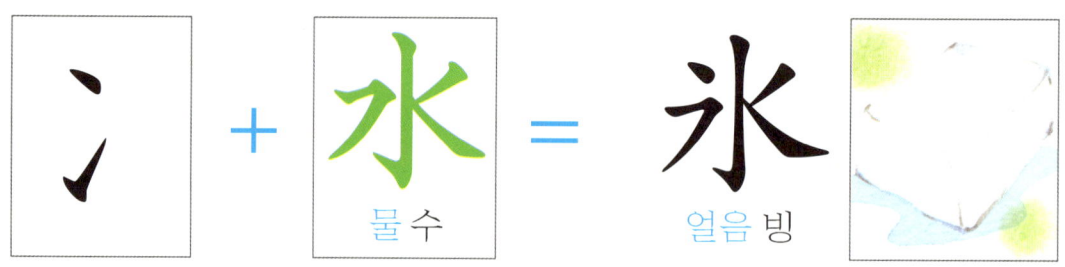

물 위에 떠 있는 얼음 덩어리를 뜻합니다.
冫는 이수 변이라고 합니다. 氵(삼수 변)과 구분에 유의하세요.

참고 水가 들어간 한자를 알아봅시다.

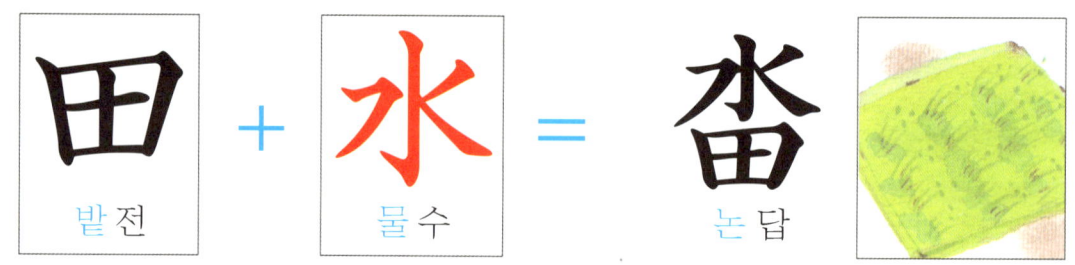

밭에 물이 있으니, 논이 됩니다.
水부수는 氵(삼수 변)으로도 씁니다. / 畓은 田(밭 전)부수의 한자입니다.

😊 水부수의 한자에 ○표 하세요.

好   氷   畓   安
좋을 호   얼음 빙   논 답   편안할 안

A39a ❖이름: ❖날짜: ❖시간: 시 분~ 시 분

🙂 불 화(火)에 대해 알아봅시다.

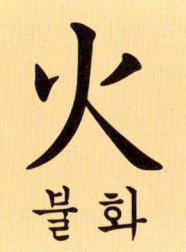

화라고 읽습니다.
불이라는 뜻입니다.

● 빈 칸에 알맞은 글을 쓰세요.

火는 ☐라고 읽고, ☐이라는 뜻입니다.

🙂 火는 모닥불이 타오르는 모습을 본뜬 한자입니다

● 빈 칸에 알맞은 글을 쓰세요.

火는 모닥 ☐ 의 모습을 본뜬 한자입니다.

A39b

😊 필순에 따라 火를 바르게 쓰세요.

총 4획

| 火 | 火 | 火 | 火 | 火 |

● 뜻과 음을 소리내어 읽으면서 火를 쓰세요.

| 불 화 | 불 화 | 불 화 | 불 화 | 불 화 |
| 火 | | | | |

| 불 화 | 불 화 | 불 화 | 불 화 | 불 화 |
| 火 | | | | |

● 빈 칸에 알맞은 한자와 뜻, 음을 쓰세요.

火		
한자	뜻	음

	불	화
한자	뜻	음

A40a

글을 읽고, 火가 나오는 낱말을 알아봅시다.

'쥐라기 공원'이라는 영화를 보았습니다.
각종 공룡들이 실제처럼 뛰어다녔습니다.
갑자기 장면이 바뀌면서,
火山(화산)이 폭발하는 모습이 나타났습니다.
뜨거운 火氣(화기)가 극장 안으로 밀려 오는 것 같았습니다.
공룡들은 火氣를 피해 火急(화급)하게 달아나고 있었습니다.
참 재미있는 영화였습니다.

- 火山(화산): 땅 속의 뜨거운 마그마가 뿜어져 나오는 산
- 火氣(화기): 뜨거운 기운
- 火急(화급): 매우 급함

빈 칸에 알맞은 한자를 쓰세요.

화	산	화	기	화	급
火	山	火	氣	火	急
	山		氣		急

🐛 흐린 글자를 따라 쓰면서 火를 익히세요.

火 는 화 라고 읽고, 불 이라는 뜻입니다.

火 는 타오르는 모닥불 의 모습을 본뜬 한자입니다.

火 의 획수는 총 4 획입니다.

火 가 들어 있는 火 부수 의 한자는 불 과 관련이 있습니다.

🐛 뜻과 음을 크게 읽으면서, 火를 쓰세요.

火	火	火	火	火
火	火	火	火	火

A41a ❖이름: ❖날짜: ❖시간: 시 분~ 시 분

 火부수의 한자를 알아봅시다.

불과 불이 합쳐져서 불꽃을 이룹니다.

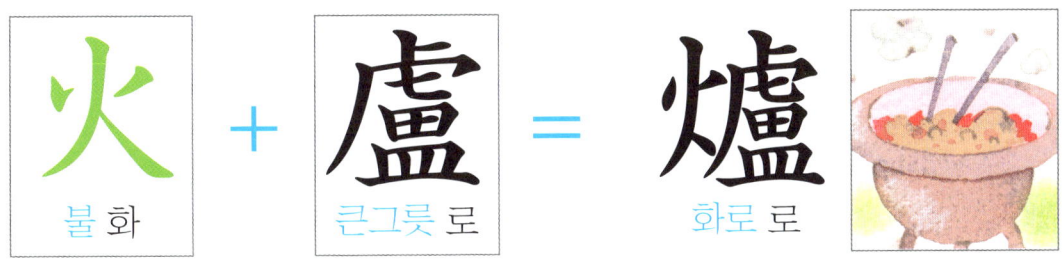

불을 담는 큰 그릇이 화로입니다.

 火부수의 한자에 ○표 하세요.

畓　　炎　　爐　　氷

논 답　　불꽃 염　　화로 로　　얼음 빙

이번 주에 배운 한자를 뜻과 음을 읽으면서 쓰세요.

아들 자 子	아들 자	아들 자	아들 자	아들 자

여자 녀 女	여자 녀	여자 녀	여자 녀	여자 녀

물 수 水	물 수	물 수	물 수	물 수

불 화 火	불 화	불 화	불 화	불 화

A42a ◆이름:　　　　◆날짜:　　　　◆시간:　　시　분~　시　분

🐛 그림과 관계있는 한자를 바르게 이으세요.

　●　　　　　●　

　●　　　　　●　

　●　　　　　●　

　●　　　　　●　

😊 부수가 같은 한자끼리 선을 이으세요.

물 수

불 화

아들 자

여자 녀

불꽃 염

좋을 호

얼음 빙

효도할 효

빈 칸에 알맞은 한자를 쓰세요.

자	녀
	女

여	왕
	王

수	영
	泳

화	산
	山

A43b

😊 동화를 읽고, 빈 칸에 알맞은 한자를 쓰세요.

지혜로운 대장

어느 나라에 전쟁이 일어났어요.
온 나라가 마치 火山(화산)이 폭발한 것처럼 불타고 있었어요.
이 나라 군인들이 적군과 싸우다가 포위되고 말았어요.
며칠이 지나자, 양식은커녕 水桶(수통)의 물마저 바닥이 났어요.
"물, 물 좀 주세요."
많은 군인들이 목이 말라서 물을 찾았어요. 대장은 고민을
했어요. 군인들의 사기가 떨어졌기 때문이에요.
그 때, 대장에게 좋은 생각이 났어요.
"저기 한 女子(여자)가 보이지? 저 여자는 물의 子孫(자손)이야.
우리에게 물을 주러 오다가 적들 때문에 오지 못하고 있어.
우리가 가서 女子를 구하자!"
이 말이 끝나자마자 군인들이 용감하게 적진을 뚫고 나갔어요.
군인들이 그곳에 도착해 보니 그것은 장승이었대요.
하지만 결국 군인들은 싸움에서 이겨 물을 마음껏 마셨답니다.

물 수	불 화	여자 녀	아들 자

A44a

🐛 보기에 따라 색칠하세요.

보기 水:분홍색, 火:파랑색, 子:노랑색, 女: 초록색

😊 서로 알맞은 것끼리 선을 이으세요.

| 火 | 水 | 子 | 女 |

| 여자 | 아들 | 물 | 불 |

| 자 | 화 | 녀 | 수 |

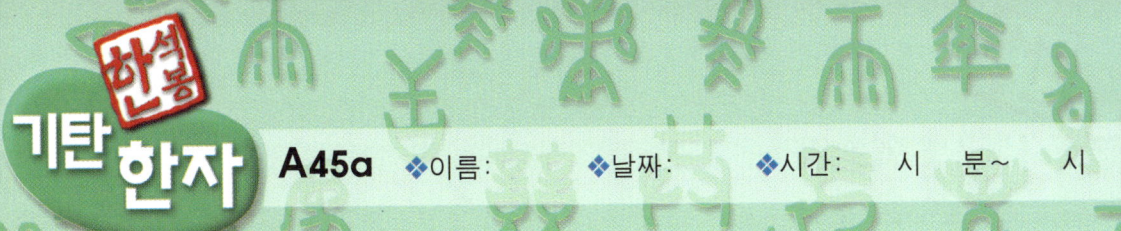

🌱 빈 칸에 알맞은 부수를 쓰세요.

宀 + ☐ = 字

☐ + 子 = 好

☐ + 火 = 炎

 여자에게 말 거는 법

개인별·능력별 학습 프로그램

A 단계 교재 A46a-A60b

이번 주에 배울 한자

口	耳	手	目
입 구	귀 이	손 수	눈 목

금주평가

	읽 기	쓰 기
	Ⓐ 아주 잘함	Ⓐ 아주 잘함
	Ⓑ 잘함	Ⓑ 잘함
	Ⓒ 보통	Ⓒ 보통
	Ⓓ 부족함	Ⓓ 부족함

이번 주는?

- 학습방법 ① 매일매일 ② 가끔 ③ 한꺼번에
  - 하였습니다.
- 학습태도 ① 스스로 잘 ② 시켜서 억지로
  - 하였습니다.
- 학습흥미 ① 재미있게 ② 싫증내며
  - 하였습니다.
- 교재내용 ① 적합하다고 ② 어렵다고 ③ 쉽다고
  - 하였습니다.

♣ 지도 교사가 부모님께

♣ 부모님이 지도 교사께

| 종합평가 | Ⓐ 아주 잘함 | Ⓑ 잘함 | Ⓒ 보통 | Ⓓ 부족함 |

원교   반   이름   전화

😊 지난 주에 배운 한자를 큰 소리로 읽으면서 써 보세요.

아들 자 子	아들 자	아들 자	아들 자	아들 자

여자 녀 女	여자 녀	여자 녀	여자 녀	여자 녀

물 수 水	물 수	물 수	물 수	물 수

불 화 火	불 화	불 화	불 화	불 화

이번 주에 배울 한자를 큰 소리로 읽어 보세요.

😊 입 구(口)에 대해 알아봅시다.

 구라고 읽습니다.
입이라는 뜻입니다.

● 빈 칸에 알맞은 글을 쓰세요.

口는 [　]라 읽고, [　]이라는 뜻입니다.

😊 口는 사람의 입 모양을 본뜬 한자입니다.

● 빈 칸에 알맞은 글을 쓰세요.

口는 사람의 [　] 모양을 본뜬 한자입니다.

A47a ◆이름: ◆날짜: ◆시간: 시 분~ 시 분

● 필순에 따라 口를 바르게 쓰세요.

총 3획

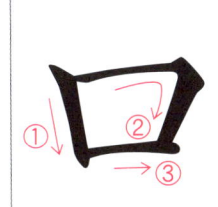    

● 뜻과 음을 소리내어 읽으면서 口를 쓰세요.

입 구	입 구	입 구	입 구	입 구
口				

입 구	입 구	입 구	입 구	입 구
口				

● 빈 칸에 알맞은 한자와 뜻, 음을 쓰세요.

口		
한자	뜻	음

	입	구
한자	뜻	음

A47b

😊 글을 읽고, 口가 나오는 낱말을 알아봅시다.

우리 食口(식구)는 아버지, 어머니 그리고 나 이렇게 세 명입니다.
어느 날 새벽, 아버지께서 나를 깨웠습니다.
"호영아! 어서 일어나!"
"아버지, 아직 6시도 안 됐잖아요."
"오늘부터 새벽 운동 하기로 한 걸 잊었니?"
"아 참!"
우리 가족은 아버지의 口令(구령)에 맞추어
약수터 入口(입구)까지 뛰어갔습니다.

● 食口(식구): 같은 집에서 밥을 함께 먹는 사이   ● 入口(입구): 들어가는 곳
● 口令(구령): 단체의 몸 동작을 함께 하기 위해 호령하는 것

😊 빈 칸에 알맞은 한자를 쓰세요.

식	구	입	구	구	령
食	口	入	口	口	令
食		入			令

A48a

❖이름: ❖날짜: ❖시간: 시 분~ 시 분

😊 흐린 글자를 따라 쓰면서 口를 익히세요.

口는 구 라고 읽고, 입 이라는 뜻입니다.

口는 사람의 입 모양을 본뜬 한자입니다.

口의 획수는 총 3 획입니다.

口가 들어 있는 口부수 의 한자는 입 또는 출입구 와 관련이 있습니다.

😊 뜻과 음을 크게 읽으면서 口를 쓰세요.

口					

A48b

🐛 口부수의 한자를 알아봅시다.

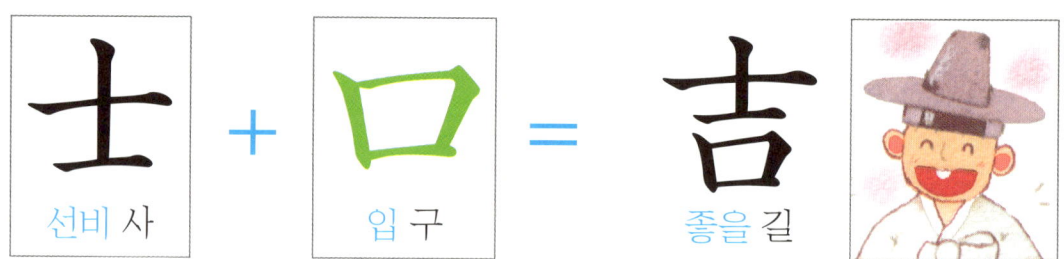

마음이 깨끗한 선비의 입에서는 좋은 말만 나옵니다.

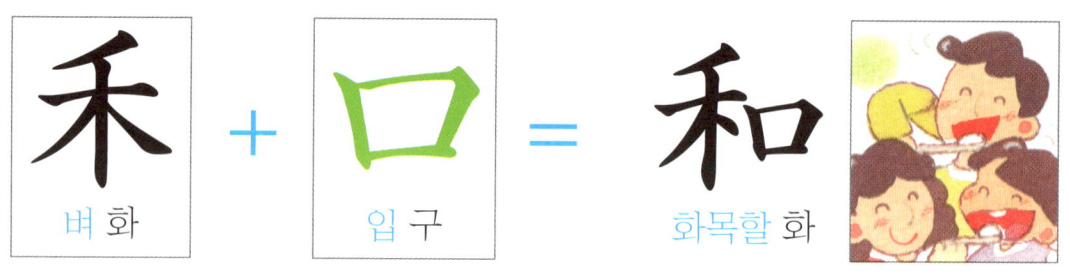

벼(곡식)를 입으로 풍족하게 먹으니, 가정이 화목해 집니다.

🐛 口부수의 한자에 ○표 하세요.

A49a ◆이름: ◆날짜: ◆시간: 시 분~ 시 분

 귀 이(耳)에 대해 알아봅시다.

耳 귀 이	이 라고 읽습니다. 귀 라는 뜻입니다.	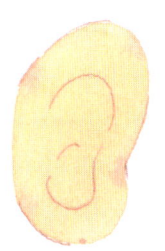

●빈 칸에 알맞은 글을 쓰세요.

耳는 ☐ 라 읽고, ☐ 라는 뜻입니다.

 耳는 사람의 귀 모양을 본뜬 한자입니다.

 ➡  ➡

●빈 칸에 알맞은 글을 쓰세요.

耳는 사람의 ☐ 모양을 본뜬 한자입니다.

A49b

😊 필순에 따라 耳를 바르게 쓰세요.

총 6획

● 뜻과 음을 소리내어 읽으면서 耳를 쓰세요.

| 귀 이 耳 | 귀 이 | 귀 이 | 귀 이 | 귀 이 |

● 빈 칸에 알맞은 한자와 뜻, 음을 쓰세요.

耳		
한자	뜻	음

	귀	이
한자	뜻	음

글을 읽고, 耳가 나오는 낱말을 알아봅시다.

할아버지를 모시고 耳科(이과) 병원에 가던 중이었습니다.
길거리에서 술 취한 아저씨가 갑자기 할아버지에게 대들었습니다.
그러나 할아버지께서는 웃으면서 그 사람을 탓하지 않았습니다.
"남의 耳目(이목)이 두렵지 않나?"
"할아버지는 왜 그 사람에게 따지지 않으셨어요?"
"허허, 나이가 들면 왜 耳順(이순)이라 하는지 아느냐?"
나는 耳順이란 말을 이해할 수 없었습니다.

● 耳科(이과): 귀를 치료하는 병원   ● 耳目(이목): 다른 사람들이 주목하는 것
● 耳順(이순): 60세를 일컬으며 생각이 원숙해져서 귀에 거슬리지 않고 순해진다는 뜻

 빈 칸에 알맞은 한자를 쓰세요.

이	과	이	목	이	순
耳	科	耳	目	耳	順
	科		目		順

 A50b

👁 흐린 글자를 따라 쓰면서 耳를 익히세요.

耳는 이 라고 읽고, 귀 라는 뜻입니다.

耳는 사람의 귀 모양을 본뜬 한자입니다.

耳의 획수는 총 6획입니다.

耳가 들어 있는 耳 부수 의 한자는 귀 또는 듣는 것 과 관련이 있습니다.

👁 뜻과 음을 크게 읽으면서 耳를 쓰세요.

耳	耳	耳	耳	耳
耳	耳	耳	耳	耳

A51a ◆이름: ◆날짜: ◆시간: 시 분~ 시 분

 耳부수의 한자를 알아봅시다.

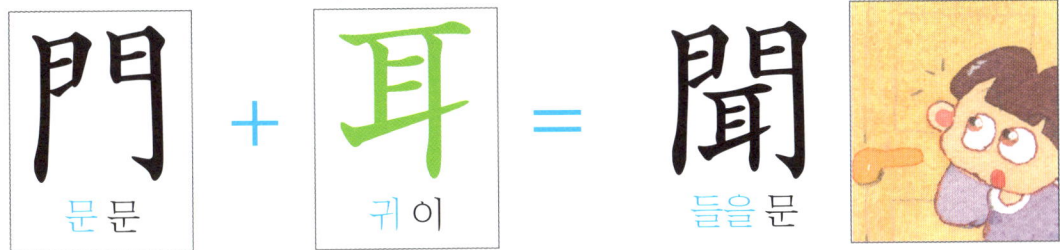

문 밖에서 귀를 기울이면 안의 소리가 들립니다.

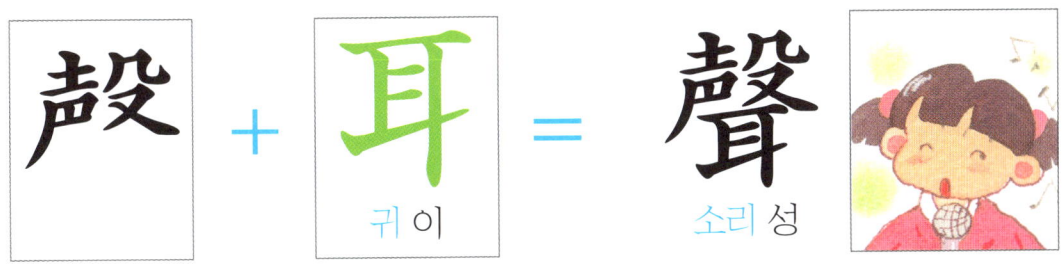

무엇인가를 두드리면 소리가 귀에 들립니다.

 耳부수의 한자에 ○표 하세요.

聞	聲	和	吉
들을 문	소리 성	화목할 화	좋을 길

A51b

😊 손 수(手)에 대해 알아봅시다.

 수라고 읽습니다.
손이라는 뜻입니다.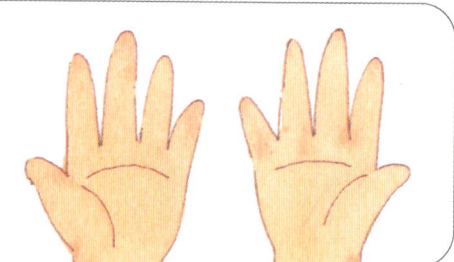

● 빈 칸에 알맞은 글을 쓰세요.

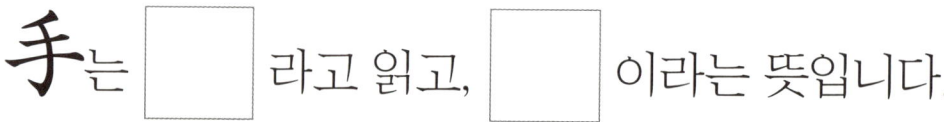

手는 ☐ 라고 읽고, ☐ 이라는 뜻입니다.

😊 手는 사람의 손 모양을 본뜬 한자입니다.

● 빈 칸에 알맞은 글을 쓰세요.

手는 ☐ 모양을 본뜬 한자입니다.

A52a ❖이름: ❖날짜: ❖시간: 시 분~ 시 분

● 필순에 따라 手를 바르게 쓰세요.

총 4획

● 뜻과 음을 소리내어 읽으면서 手를 쓰세요.

손 수	손 수	손 수	손 수	손 수
手				

손 수	손 수	손 수	손 수	손 수
手				

● 빈 칸에 알맞은 한자와 뜻, 음을 쓰세요.

手				손 수	
한자	뜻	음	한자	뜻	음

A52b

😊 글을 읽고, 手가 나오는 낱말을 알아봅시다.

"와! 이걸 단비 네가 만들었니?"
"그럼요."
단비는 手工(수공)으로 만든 스웨터를
자랑스럽게 이모에게 보였습니다.
"우리 단비 정말 솜씨 좋구나. 우리 동업할까?
너는 솜씨가 좋고, 나는 장사 手段(수단)이 좋으니까."
"그럼 이 동네 돈은 우리 手中(수중)에 있는 것이나 다름 없네."

- 手工(수공): 손으로 하는 공예
- 手段(수단): 어떤 목적을 위해 실행하는 방법
- 手中(수중): 손 안

😊 빈 칸에 알맞은 한자를 쓰세요.

수	공	수	단	수	중
手	工	手	段	手	中
	工		段		中

A53a 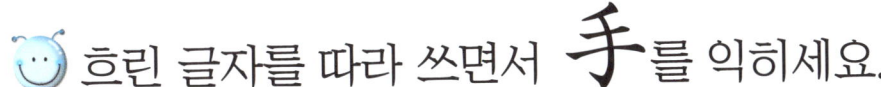 ◈이름: ◈날짜: ◈시간: 시 분~ 시 분

🙂 흐린 글자를 따라 쓰면서 手를 익히세요.

手는 수 라고 읽고, 손 이라는 뜻입니다.

手는 사람의 손 모양을 본뜬 한자입니다.

手의 획수는 총 4획입니다.

手가 들어 있는 手 부수 의 한자는 손 또는 재주 와 관련이 있습니다.

手부수는 扌으로도 쓰며, 扌을 재방변 이라고 합니다.

🙂 뜻과 음을 크게 읽으면서 手를 쓰세요.

手	手	手	手	手	手
	手	手	手	手	手

A53b

🐛 手부수의 한자를 알아봅시다.

與 (더불어 여) + 手 (손 수) = 擧 (들 거)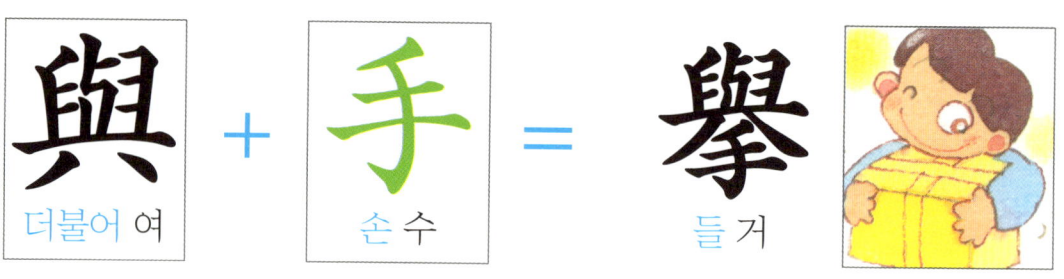

두 손을 더불어 모아 물건을 들어 올립니다.

扌 (손 수변) + 旨 (맛볼 지) = 指 (손가락 지)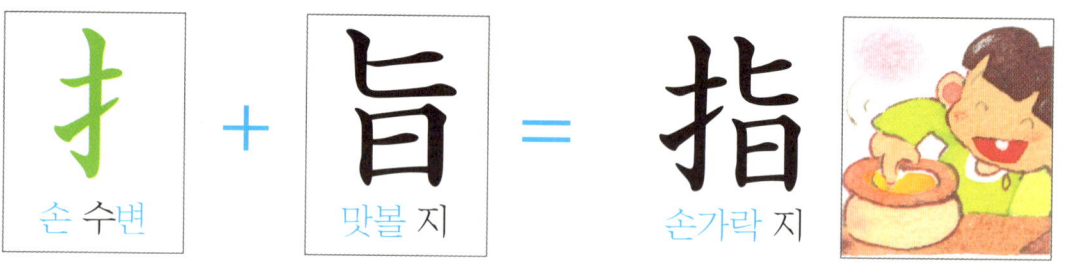

손가락으로 꿀을 찍어 맛을 봅니다.

참고 手부수는 扌(재방변)으로도 씁니다.

🐛 手부수의 한자에 ○표 하세요.

聞　擧　聲　指
들을 문　들 거　소리 성　손가락 지

 A54a ❖이름: ❖날짜: ❖시간: 시 분~ 시 분

👁 눈 목(目)에 대해 알아봅시다.

 목이라고 읽습니다.
눈이라는 뜻입니다.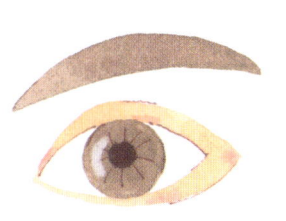

● 빈 칸에 알맞은 글을 쓰세요.

目은 ☐ 이라고 읽고, ☐ 이라는 뜻입니다.

👁 目은 사람의 눈 모양을 본뜬 한자입니다.

● 빈 칸에 알맞은 글을 쓰세요.

目은 사람의 ☐ 모양을 본뜬 한자입니다.

A54b

● 필순에 따라 目을 쓰세요.

총 5획

● 뜻과 음을 소리내어 읽으면서 目을 쓰세요.

눈 목	눈 목	눈 목	눈 목	눈 목
目				

● 빈 칸에 알맞은 한자와 뜻, 음을 쓰세요.

目		
한자	뜻	음

	눈	목
한자	뜻	음

A55a ◆이름: ◆날짜: ◆시간: 시 분~ 시 분

 글을 읽고, 目이 나오는 낱말을 알아봅시다.

반장인 영애와 부반장 태식이가 다투었습니다.
선생님이 나무라셨습니다.
"반장, 부반장이 서로 反目(반목) 하면 우리 반 꼴이 뭐가 되겠니?
우리 반 아이들이 사람 보는 眼目(안목)이 없다는 말이 되잖아."
영애와 태식이는 진심으로 선생님께 사과했습니다.
그리고 반 아이들에게도 사과했습니다.
"얘들아, 정말 面目(면목) 없구나."

● 反目(반목): 서로 맞서서 미워함 ● 眼目(안목): 무엇을 보아서 판단하는 능력
● 面目(면목): 남을 대하는 낯. 체면

 빈 칸에 알맞은 한자를 쓰세요.

반	목	안	목	면	목
反	目	眼	目	面	目
反		眼		面	

👁 흐린 글자를 따라 쓰면서 目 을 익히세요.

目 은 목 이라고 읽고, 눈 이라는 뜻입니다.

目 은 사람의 눈 모양을 본뜬 한자입니다.

目 의 획수는 총 5 획입니다.

目 이 들어 있는 目 부수 의 한자는 눈 또는 보는 것 과 관련이 있습니다.

👁 뜻과 음을 크게 읽으면서 目을 쓰세요.

目	目	目	目	目
	目	目	目	目

A56a ❖이름: ❖날짜: ❖시간: 시 분~ 시 분

 目부수의 한자를 알아봅시다.

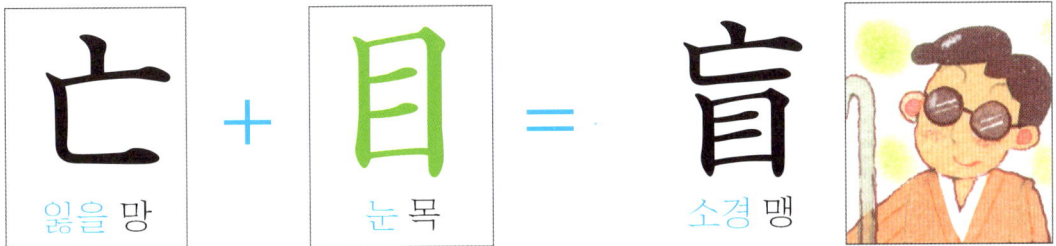

시력을 잃어 볼 수 없는 사람을 소경이라 합니다.

참고 目이 들어간 한자를 알아봅시다.

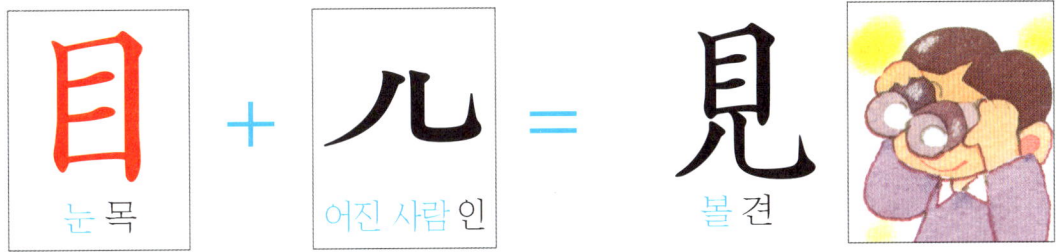

사람은 눈으로 무엇인가를 봅니다.
見은 見(볼 견)부수의 한자입니다.

 目부수의 한자에 ○표 하세요.

A56b

😊 이번 주에 배운 한자를 뜻과 음을 읽으면서 쓰세요.

입 구 口	입 구	입 구	입 구	입 구

귀 이 耳	귀 이	귀 이	귀 이	귀 이

손 수 手	손 수	손 수	손 수	손 수

눈 목 目	눈 목	눈 목	눈 목	눈 목

A57a　❖이름:　　❖날짜:　　❖시간:　시　분~　시　분

🙂 그림과 관계있는 한자를 선으로 이으세요.

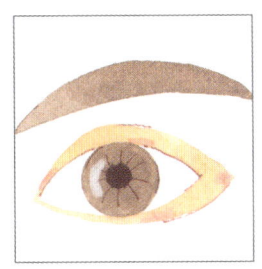　●　　　　●　

　●　　　　●　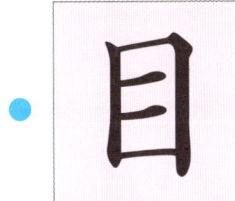

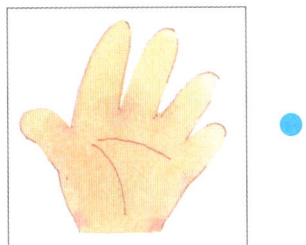　●　　　　●　

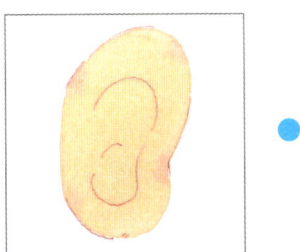　●　　　　●　

🙂 부수가 같은 한자끼리 선을 이으세요.

口 입 구	擧 들 거
目 눈 목	吉 좋을 길
耳 귀 이	盲 소경 맹
手 손 수	聞 들을 문

A58a ❖이름: ❖날짜: ❖시간: 시 분~ 시

🐛 빈 칸에 알맞은 한자를 쓰세요.

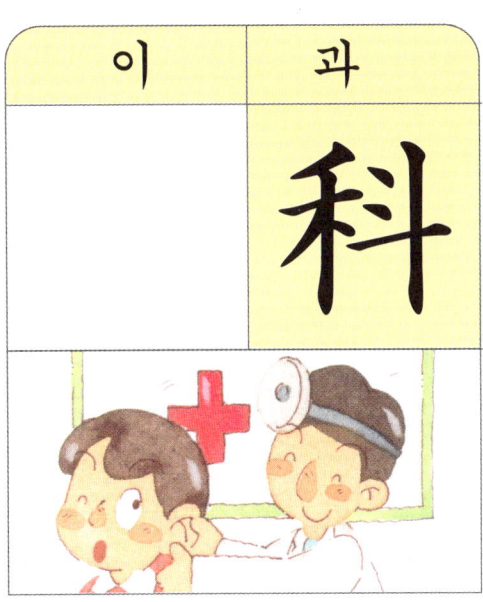

A58b

😊 동화를 읽고, 빈 칸에 알맞은 한자를 쓰세요.

내 탓이오

"죄송합니다. 제 탓입니다."
공원 入口(입구)에서 누군가가 정현이 아버지에게
사과를 하고 있었어요.
"아빠! 무슨 일이에요?"
"이 아저씨의 자전거에 내 귓볼이 살짝 부딪쳤어.
약간 긁히기는 했지만, 아무렇지도 않아."
아버지는 그냥 가라고 했는데도, 아저씨가 막무가내로
耳科(이과) 병원에 가야 한다면서 고집을 부렸어요.
"面目(면목) 없는 말이지만, 지금 제 手中(수중)에
만 원 밖에 없습니다. 이거라도 받으셔서 약을 사십시오."
아저씨가 돈을 내밀었지만, 정현이 아버지는 끝내 아저씨를
그냥 돌려보냈어요. 집으로 돌아오는 길에
아버지께서는 혼잣말로 중얼거리셨어요.
"글로만 '내 탓이오' 하면 뭘해. 저 사람처럼 실천을 해야지."

입 구	귀 이	눈 목	손 수

A59a ◆이름: ◆날짜: ◆시간: 시 분~ 시 분

보기에 따라 색칠하세요.

보기 手:분홍색, 耳:파랑색, 目:노랑색, 口:빨강색

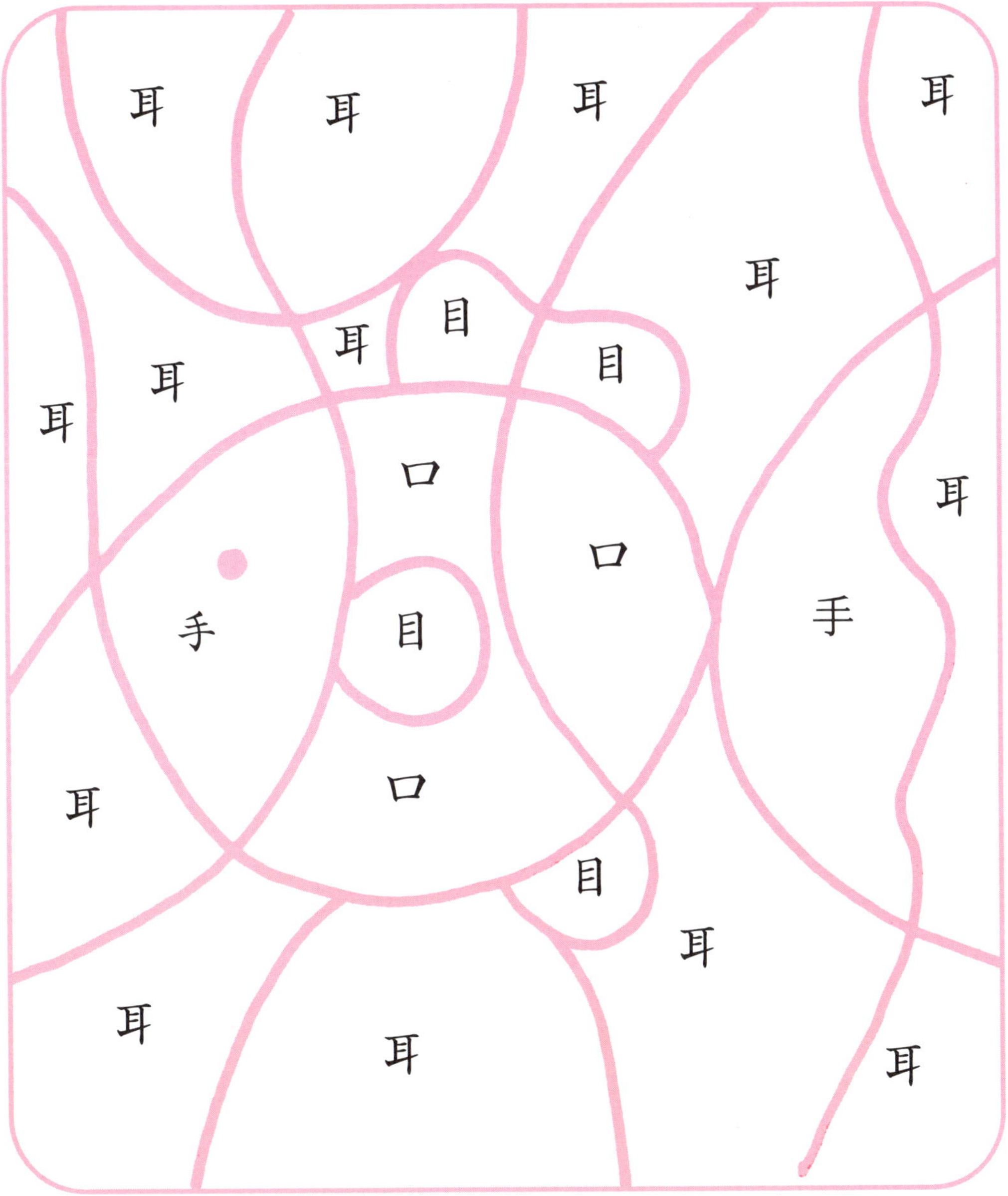

 A59b

🐛 서로 알맞은 것끼리 선을 이으세요.

口　耳　手　目

눈　귀　손　입

목　수　이　구

기탄한자 A60a

❖이름: ❖날짜: ❖시간: 시 분~ 시 분

😊 이 달에 배운 한자를 다시 한 번 써 보세요.

山 메 산				子 아들 자			
川 내 천				女 여자 녀			
人 사람 인				水 물 수			
土 흙 토				火 불 화			
日 날 일				口 입 구			
月 달 월				耳 귀 이			
木 나무 목				手 손 수			
石 돌 석				目 눈 목			

A60b

😀 처칠이고 뭐고, 돈이 최고야.

부록 한자 복습 A-1

뜻과 음, 한자를 바르게 쓰고, 부수 한자를 익히세요.

山	뜻 음	山	山	山	山
岳	山부수 한자 큰산 **악**	岳	岳	岳	岳
	岳	岳	岳	岳	岳
川	뜻 음	川	川	川	川
州	川부수 한자 고을 **주**	州	州	州	州
	州	州	州	州	州

부록 한자 복습 A-1

뜻과 음, 한자를 바르게 쓰고, 부수 한자를 익히세요.

人	뜻 음	人	人	人	人
休	人부수 한자 쉴 휴	休	休	休	休
休	休	休	休	休	休
土	뜻 음	土	土	土	土
地	土부수 한자 땅 지	地	地	地	地
地	地	地	地	地	地

부록 한자 복습 A-1

뜻과 음, 한자를 바르게 쓰고, 부수 한자를 익히세요.

日	뜻 음	日	日	日	日
旦	日부수 한자 아침 단	旦	旦	旦	旦
		旦	旦	旦	旦
月	뜻 음	月	月	月	月
期	月부수 한자 기약할 기	期	期	期	期
		期	期	期	期

부록 한자 복습 A-1

뜻과 음, 한자를 바르게 쓰고, 부수 한자를 익히세요.

木	뜻 음	木	木	木	木
林	木부수 한자 수풀 **림**	林	林	林	林
		林	林	林	林
石	뜻 음	石	石	石	石
砂	石부수 한자 모래 **사**	砂	砂	砂	砂
		砂	砂	砂	砂

부록 한자 복습 A-1

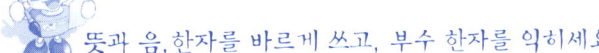
뜻과 음, 한자를 바르게 쓰고, 부수 한자를 익히세요.

子	뜻 / 음	子	子	子	子
字	子부수 한자 / 글자 자	字	字	字	字
		字	字	字	字
女	뜻 / 음	女	女	女	女
好	女부수 한자 / 좋을 호	好	好	好	好
好		好	好	好	好

부록
한자 복습 A-1

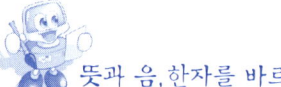
뜻과 음, 한자를 바르게 쓰고, 부수 한자를 익히세요.

水	뜻 / 음	水	水	水	水
氷	水부수 한자 / 얼음 빙	氷	氷	氷	氷
		氷 氷	氷 氷	氷 氷	氷 氷
火	뜻 / 음	火	火	火	火
炎	火부수 한자 / 불꽃 염	炎	炎	炎	炎
		炎 炎	炎 炎	炎 炎	炎 炎

부록 한자 복습 A-1

뜻과 음, 한자를 바르게 쓰고, 부수 한자를 익히세요.

口	뜻 / 음	口	口	口	口
吉	口부수 한자 / 좋을 길	吉	吉	吉	吉
吉	吉	吉	吉	吉	吉
耳	뜻 / 음	耳	耳	耳	耳
聞	耳부수 한자 / 들을 문	聞	聞	聞	聞
聞	聞	聞	聞	聞	聞

부록 한자 복습 A-1

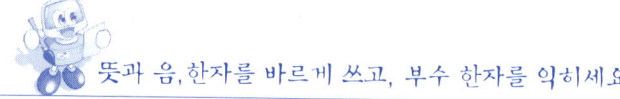
뜻과 음, 한자를 바르게 쓰고, 부수 한자를 익히세요.

| 手 | 뜻 / 음 | 手 | 手 | 手 | 手 |

| 指 | 手(扌)부수 한자 / 손가락 지 | 指 | 指 | 指 | 指 |
| | | 指 | 指 | 指 | 指 | 指 |

| 目 | 뜻 / 음 | 目 | 目 | 目 | 目 |

| 盲 | 目부수 한자 / 소경 맹 | 盲 | 盲 | 盲 | 盲 |
| | | 盲 | 盲 | 盲 | 盲 | 盲 |